Kinderwunsch – Schwangerschaft – Geburt

Die 100 häufigsten Fragen und Antworten

Kinderwunsch – Schwangerschaft – Geburt

Die 100 häufigsten Fragen und Antworten

Gabriele Grünebaum
mit Zeichnungen von Franziska Becker

vgs EGMONT

Die Berichte und Informationen in diesem Buch sind von Autorin und Verlag nach bestem Wissen und Gewissen sorgfältig erwogen und geprüft. Autorin und Verlag übernehmen jedoch keine Haftung für etwaige Schäden, die sich aus dem Gebrauch oder Missbrauch der in diesem Buch aufgeführten Informationen ergeben.

Originalausgabe

verlegt durch Egmont Verlagsgesellschaften mbH, Gertrudenstr. 30-36, 50667 Köln

3. Auflage
Redaktion: Michael Büsgen
Lektorat: Jutta Beiner-Lehner
Zeichnungen: Franziska Becker
Umschlaggestaltung: Alexander Ziegler
Layout und Satz: Metzgerei Strzelecki, Köln
Druck: CPI – Clausen & Bosse, Leck
ISBN 978-3-8025-1531-6

Inhalt

Fragen zur Schwangerschaft

Vorwort

100 Fragen und Antworten zum Thema Kinderwunsch, Schwangerschaft und Geburt - früher haben junge Frauen diese Fragen in ihrer Großfamilie gestellt und von der Mutter, der Großmutter, der Tante oder den Schwestern beantwortet bekommen. Heute, wo die Haushalte aus maximal zwei Erwachsenen bestehen, wo das Alter der Mütter immer weiter ansteigt, ist es schwierig, solche Fragen beantwortet zu bekommen: »Darf ich in der Schwangerschaft Hackfleisch essen?«, »Muss ein Einlauf vor der Geburt sein?« ...
Nicht wegen jeder Frage möchten die Frauen zum Arzt gehen. Das Internet ist ein hervorragendes Medium, solche Fragen schnell und fachkundig beantwortet zu bekommen.
Seit 1999 gibt es die medizinische Internetseite www.9monate.de, mit zahlreichen Texten, interaktiven Features, Chats und Foren, rund um Kinderwunsch und Schwangerschaft. Im Januar 2003 haben die Internetnutzer mehr als 18,3 Millionen Seiten im medizinischen Internetportal www.qualimedic.de, zu dem auch der Bereich Schwangerschaft (www.9monate.de), Baby und Kinder (http://kind.qualimedic.de) gehört, aufgerufen und mehr als 10.000 Fragen an die medizinischen Experten gestellt. Dies zeigt, wie groß der Bedarf nach schneller und sachkundiger Antwort rund um diese Themen ist. Nun liegen die 100 häufigsten Fragen und Antworten zu Kinderwunsch, Schwangerschaft und Geburt als Buch vor, und Sie können die wichtigsten Fragen zu diesem Thema auch ohne Strom jederzeit nachlesen und weiterverschenken.
Und falls noch eine Frage offen bleibt: www.9monate.de

Dr. Gerda Enderer
Fachärztin für Frauenheilkunde und Geburtshilfe, Köln

Einleitung

Dieses Buch ist aus langjährigen Erfahrungen in der gynäkologischen Praxis, der Klinik und vor allem im Internet entstanden.
Seit 1999 antworten unter der Internetadresse *www.9monate.de* in Onlineforen Ärzte und medizinische Experten kostenlos auf alle Fragen rund um Kinderwunsch, Schwangerschaft und Geburt.
Genau wie in diesem Buch ist es auch dort das Ziel, fundierte medizinische Informationen zu geben. Gerade vor und während einer Schwangerschaft gilt es für werdende Eltern, viele Entscheidungen zu fällen – diesmal nicht nur für sich selbst, sondern auch noch für einen weiteren Menschen. Diese können umso verantwortungsvoller getroffen werden, je mehr Sachkenntnis zu eventuellen Risiken gesammelt wurde.
Falls Sie die eine oder andere Frage, die Ihnen auf dem Herzen liegt, hier nicht beantwortet finden, so können Sie sie kostenlos, rund um die Uhr, in den Foren unter *www.9monate.de* stellen.

FAQ's zum Thema
Kinderwunsch

1. Was ist ein Eisprung?

Als Eisprung bezeichnet man den Moment, in dem eine reife Eizelle, die in einem flüssigkeitsgefüllten Bläschen, dem so genannten Follikel, heranwächst, freigesetzt wird.

Vom Moment des Eisprungs an kann diese Eizelle innerhalb von etwa zwölf bis 24 Stunden befruchtet werden. Ein Eisprung ist also für eine natürliche Befruchtung absolut notwendig.

2. Was ist die Menstruation?

Gleichzeitig mit der Reifung (meist) einer Eizelle verändert sich die Gebärmutterschleimhaut so, dass sich die Eizelle, sollte sie befruchtet werden, dort einnisten und wachsen kann.

Kommt es aber zu keiner Schwangerschaft, wird diese Gebärmutterschleimhaut vom Körper etwa zwölf bis 16 Tage nach dem Eisprung abgestoßen. Die so genannte Monatsblutung oder Menstruation tritt ein.

3. Was bedeutet »weiblicher Zyklus«?

Der erste Eisprung und die darauf folgende erste Menstruationsblutung gelten als Beginn der Geschlechtsreife bei der Frau. Während der gesamten Zeit der Geschlechtsreife, also der Zeit, in der eine Frau Kinder bekommen kann, etwa vom zwölften bis zum 50. Lebensjahr, verändern sich die weiblichen Fortpflanzungsorgane zyklisch.

Jeder dieser Zyklen basiert darauf, dass regelmäßig – durchschnittlich im Rhythmus von 28 Tagen – eine Eizelle heranreift. Wenn die Eizelle für eine Befruchtung reif ist, ist in der Regel auch der weibliche Körper und besonders die Gebärmutterschleimhaut auf eine Schwangerschaft vorbereitet.

Falls die reife und aus dem Eibläschen gesprungene Eizelle unbefruchtet bleibt, wird die Gebärmutterschleimhaut etwa zwölf bis 16 Tage nach dem Eisprung in einer Blutung, der Menstruation, abgestoßen. Das ist in den meisten Zyklen der Fall.

Die Menstruation dauert durchschnittlich drei bis vier Tage – ein Zyklus dauert durchschnittlich 28 Tage, kann aber normalerweise auch zwischen 21 und 35 Tagen variieren. Die Zykluslänge kann von Frau zu Frau und von Monat zu Monat unterschiedlich sein.

Ein normaler Zyklus ist in verschiedene Abschnitte aufgeteilt, die je nach Zykluslänge unterschiedlich lang sind:

Zykluslänge	23 Tage	25 Tage	28 Tage	30 Tage	33 Tage
Zyklusanfang	1. - 7. Tag	1. - 9. Tag	1. - 12. Tag	1. - 14. Tag	1. - 17. Tag
Zyklusmitte	8. - 9. Tag	10. - 11. Tag	13. - 14. Tag	15. - 16. Tag	18. - 19. Tag
Zyklusende	10. - 23. Tag	12. - 25. Tag	15. - 28. Tag	17. - 30. Tag	20. - 33. Tag
fruchtbare Phase (etwa)	4. - 11. Tag	6. - 13. Tag	9. - 16. Tag	11. - 18. Tag	14. - 21. Tag

Die zyklischen Veränderungen werden nicht nur an der periodisch auftretenden Blutung, sondern auch in Veränderungen der Eierstöcke, der Gebärmutter, der Brust und der Psyche deutlich.

4. Wann beginnt ein neuer Zyklus?

Ein Zyklus beginnt mit dem ersten Tag der Menstruation. Falls die Menstruation mit einer sehr leichten oder einer Schmierblutung beginnt, wird als erster Tag des neuen Zyklus der Tag gerechnet, an dem die Blutung eintritt, das bedeutet, wenn zum ersten Mal richtiges, rotes Blut zu sehen ist.

5. Wann im Zyklus kann ich schwanger werden?

Nicht an jedem Zyklustag kann eine Frau schwanger werden. Wenn Sie schwanger werden wollen, ist es hilfreich zu wissen, wann Ihr Eisprung stattfindet.

Nach dem Eisprung ist die Eizelle nur etwa zwölf (bis 24) Stunden befruchtungsfähig. Samenzellen können im Körper der Frau etwa 72 Stunden (in Ausnahmefällen auch fünf bis sechs Tage) überleben.

Nur an maximal sechs Tagen in jedem Zyklus, und zwar etwa an den fünf Tagen vor und dem Tag des Eisprungs selbst, kann eine Frau schwanger werden. Diese Tage werden als die fruchtbaren Tage bezeichnet.

Der Zeitraum der höchsten Fruchtbarkeit beginnt etwa drei Tage vor dem Eisprung und endet rund zwölf Stunden danach (siehe Seite 23, Kapazitation).

6. Wie weiß ich, wann mein Eisprung ist?

Bei einem regelmäßigen Zyklus kann man davon ausgehen, dass die Menstruation etwa zwölf bis 14 Tage nach dem Eisprung einsetzt, wenn keine Schwangerschaft vorliegt.

Mittelschmerz: Viele Frauen berichten vom so genannten Mittelschmerz, auch als Intermenstrualschmerz bekannt. Es handelt sich beim Mittelschmerz um einen etwa in der Zyklusmitte auftretenden Schmerz, der sehr unterschiedlich beschrieben wird: als kurz dauernder oder länger anhaltender, manchmal einseitiger, ziehender oder stechender Schmerz. Wahrscheinlich zeigt der Mittelschmerz den Follikelsprung an. Wissenschaftlich ist allerdings nicht untermauert, dass dieser Schmerz tatsächlich mit dem Eisprung in Zusammenhang steht.

Temperatur: Anhand der Temperatur kann der Eisprung meist im Nachhinein festgestellt werden. Das Geschlechtshormon Gestagen, das nach dem Eisprung gebildet wird, wirkt auf das Wärmeregulationszentrum des Körpers und erhöht die Körpertemperatur während der zweiten Zyklusphase um etwa 0,4 bis 0,6° C.

Nach dem Eisprung liegt das Temperaturniveau also höher als während der ersten Zyklusphase. Dieses Phänomen nennt man auch

einen biphasischen Temperaturverlauf. Da Gestagen nur gebildet wird, wenn ein Eisprung vorausgegangen ist, kann der Temperaturanstieg als ein ziemlich sicheres Zeichen für einen Eisprung gewertet werden. Umgekehrt kann allerdings auch ein Eisprung stattfinden, ohne dass eine deutliche Temperaturerhöhung zu erkennen ist.

Die Phase der erhöhten Temperatur dauert etwa zwölf bis 14 Tage. Kurz vor Beginn der Menstruation sinkt sie normalerweise wieder um etwa 0,3° C.

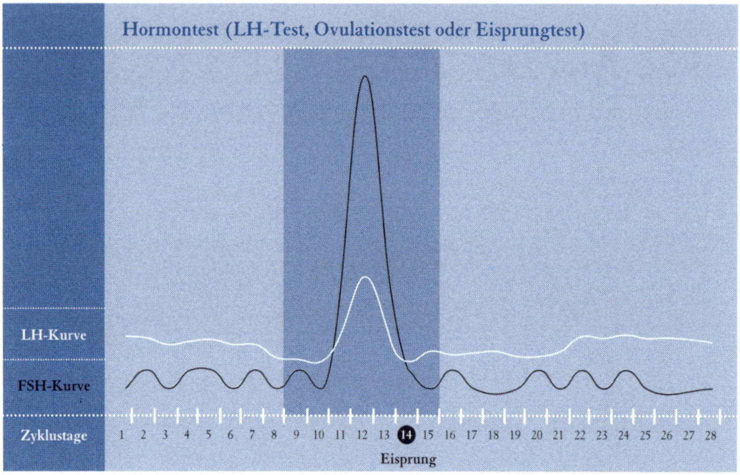

Mit den neuen biochemischen Testverfahren können Sie zu Hause, auf einfache Art, die wichtigen Zyklus-Hormone im Urin messen und ggf. den Eisprung im Voraus feststellen. Zu Beginn des Zyklus ist das luteinisierende Hormon (LH) auf einem niedrigen Niveau. Es steigt in der Mitte des Zyklus signifikant an und kündigt mit diesem Anstieg den Eisprung an. Dieser tritt in der Regel 16 bis 36 Stunden später ein.

LH-Messstreifen: In den meisten LH-Testpackungen sind fünf Urinmessstreifen. Um die fünf Teststäbchen optimal einzusetzen, müssen Sie zunächst feststellen, an welchen Tagen des Zyklus die fünf Tests durchzuführen sind. Dafür ist es notwendig, die durchschnittliche Länge des Menstruationszyklus zu kennen. Ist der

Zyklus länger als 23 Tage, beginnen Sie immer 17 Tage vor der nächsten erwarteten Menstruation mit dem Testen. Die Teststreifen zeigen in der Regel den signifikanten Anstieg des luteinisierenden Hormons deutlich an.

Zykluscomputer: Um herauszufinden, wann der Eisprung stattfindet, können Sie auch unterschiedliche kleine Taschencomputer zu Hilfe nehmen. Es gibt solche Geräte, die anhand Ihrer Temperatur den Eisprung ermitteln, und andere, die Ihren Hormonstatus auswerten. Hier übernimmt der Computer das Rechnen und Auswerten der Temperatur bzw. der Urinmessstreifen.

Es gibt aber weitere Symptome, die Sie beobachten können, um den Eisprung bei sich festzustellen:

Je näher der Eisprung rückt, umso ...

- ... weicher wird der Muttermund,
- ... größer wird die Muttermundöffnung,
- ... mehr Zervixschleim wird gebildet,
- ... flüssiger wird der Zervixschleim,
- ... klarer wird der Zervixschleim,
- ... spinnbarer wird der Zervixschleim.

Nach der Ovulation (Eisprung) ...

- ... schließt sich der Muttermund,
- ... wird der Zervixschleim wieder zähflüssig,
- ... steigt die Körpertemperatur um etwa 0,5 °C an.

7. Was ist die Basaltemperatur?

Die Basaltemperatur ist die Körpertemperatur, die unmittelbar nach dem Aufwachen und vor dem Aufstehen gemessen wird. Die Frau sollte mindestens fünf Stunden Schlaf hinter sich haben. Medikamente und Alkohol können das Ergebnis verfälschen und damit hinfällig machen.

8. Was ist eine Basaltemperaturkurve?

Die Basaltemperaturkurve ist der Überblick über eine Reihe von Basaltemperatur-Messwerten. Wenn Sie Ihre Basaltemperatur täglich in ein Kurvenblatt eintragen, lässt sich anhand des Temperaturverlaufs ermitteln, ob und wann ein Eisprung stattgefunden hat.

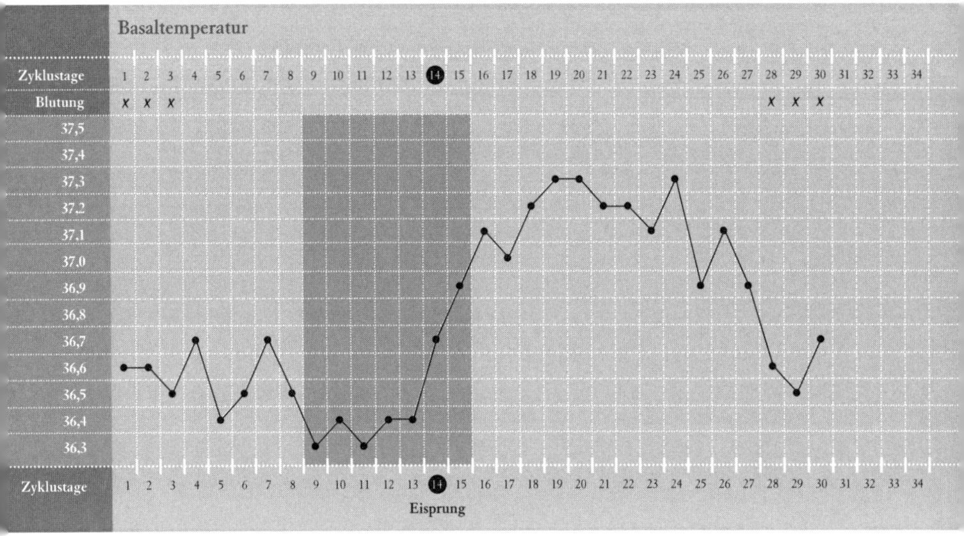

28-Tage-Zyklus mit Eisprung am 14. Zyklustag

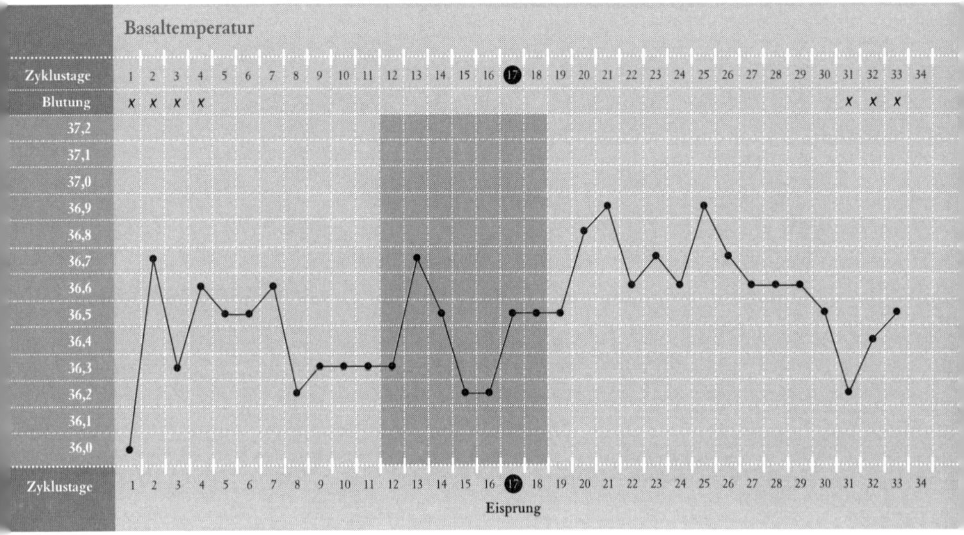

31-Tage-Zyklus mit Eisprung am 17. Zyklustag

9. Was kann ich an der Basaltemperatur erkennen?

Wenn Sie regelmäßig die Basaltemperatur messen, können Sie mit einiger Übung anhand der Basaltemperaturkurve erkennen, ob und wann Sie einen Eisprung hatten. Ein Eisprung ist die Voraussetzung, um schwanger zu werden.

10. Wie muss ich die Basaltemperatur messen?

Die Basaltemperatur kann mit einem normalen Fieberthermometer oder einem so genannten Frauenthermometer gemessen werden.

Sie wird unmittelbar nach dem Aufwachen gemessen, nachdem Sie mindestens fünf Stunden geschlafen haben. Krankheit, Medikamente, wenig Schlaf, aber auch Alkohol am Abend zuvor können die Basaltemperatur verändern und die Auswertung schwierig machen.

Ein Quecksilberthermometer erfüllt genauso seinen Zweck wie ein einfaches digitales Thermometer. Es gibt aber auch besondere so genannte Frauenthermometer, die genauer messen (nicht nur zehntel Grade, sondern auch hundertstel Grade), oder gar solche, die die Temperatur für einige Monate speichern.

11. Warum können die Spermien die Eizelle nicht sofort befruchten?

Ein Spermium muss, bevor es in eine Eizelle eindringen und sie befruchten kann, einen biochemischen und physiologischen »Reifungs-« bzw. Umbauprozess durchlaufen. Dieser Prozess, der **Kapazitation** heißt, findet in der Regel nach der Ejakulation des Samens in der Gebärmutter statt.

Zervixsekret hilft bei der Kapazitation

Die Zusammensetzung des Zervixsekretes während der fruchtbaren Tage ist optimal für die Spermien und an den Reifungsprozessen der Samenzellen beteiligt.

Untersuchungen haben gezeigt, dass Östrogene die Kapazitation eher stimulieren, während Progesteron sie eher hemmt.

Ohne Kapazitation keine Befruchtung

Ohne dass diese Kapazitation stattgefunden hat – also unmittelbar nach dem Geschlechtsverkehr oder wenn der Zervixschleim (Zervixsekret) nicht optimal zusammengesetzt ist –, kann eine Samenzelle nicht in die Gebärmutter gelangen und die Eihaut nicht durchdringen.

Der optimale Zeitpunkt für den Geschlechtsverkehr ist daher mindestens zwölf Stunden vor dem Eisprung.

12. Ist es bei einem Kinderwunsch besser, jeden Tag oder jeden zweiten Tag Geschlechtsverkehr zu haben?

Die Wahrscheinlichkeit, schwanger zu werden, steigt, wenn Sie bei normalem Spermiogramm täglich einmal Geschlechtsverkehr haben. Dann liegen die Chancen bei etwa 37% in einem Zyklus. Geschlechtsverkehr alle zwei Tage lässt sie auf 33% sinken. Wenn Sie einmal wöchentlich Geschlechtsverkehr haben, sinkt die Wahrscheinlichkeit, schwanger zu werden, auf rund 15%.

Diese Zahlen basieren auf einer Untersuchung des NEJM (New England Journal of Medicine) von 1995. Bei niedriger Spermienzahl empfehlen die Mediziner Geschlechtsverkehr alle 36-48 Stunden.

13. Wie kann ich die Chancen erhöhen, schwanger zu werden?

Zunächst sollten Sie herausfinden, wann Ihre fruchtbaren Tage sind (siehe Seite 16). Wenn Sie an den vier bis fünf fruchtbaren Tagen täglich einmal Geschlechtsverkehr haben, vergrößern Sie Ihre Chancen, schwanger zu werden. Des Weiteren können Sie versuchen, beim Geschlechtsverkehr Stellungen einzunehmen, die die Wahrscheinlichkeit, schwanger zu werden, erhöhen.

Aber bedenken Sie, dass das Kindermachen nicht in Stress ausarten sollte. Das macht keinen Spaß, und den sollten Sie schon haben.

14. Was sind die besten Stellungen, um schwanger zu werden?

Schwanger können Sie in jeder beliebigen Position werden – sofern Spermien in den weiblichen Geschlechtstrakt gelangen können.

Die eine oder andere Beischlafposition erleichtert es aber den Spermien, ihren Weg zum Muttermund und zur Eizelle besser zu finden.
Missionarsstellung: Die in der westlichen Welt übliche Stellung beim Geschlechtsverkehr ist die Missionarsstellung: Die Frau liegt auf dem Rücken, der Mann liegt auf ihr. Beide sind sich zugewandt. Diese Stellung ist gut geeignet, um schwanger zu werden. Der Penis kann tief in die Vagina eindringen und die Spermien gelangen gut bis zum Muttermund. Um die Chancen auf eine Schwangerschaft durch diese Stellung noch ein wenig zu verbessern, kann die Frau ein Kissen unter ihren Po schieben, damit die Spermien beim Ejakulieren noch tiefer eindringen können. Der Mann sollte seinen Penis so lang wie möglich in der Vagina belassen, um zu verhindern, dass die Spermien nach dem Geschlechtsverkehr wieder herausfließen.

Von hinten (»rear-entry« oder »doggy-style«): Der Mann dringt von hinten in die Vagina ein. Sie liegt auf dem Bauch, entweder mit leicht angewinkelten Knien oder schräg auf der Seite mit einigen Kissen unterm Bauch. Diese Stellung ist für alle Frauen gut geeignet, deren Gebärmutter ein wenig nach hinten abgeknickt ist. So gelangt der Penis tiefer in die Vagina und das Sperma näher an den Muttermund.

Lustvoll: Mit Lust macht der Sex nicht nur mehr Freude, mit Lust kommen Sie besser zum Orgasmus. Je lustvoller Sie es miteinander treiben, um so feuchter wird die Vagina. Eine feuchte Vagina macht nicht nur mehr Spaß, sondern ist auch förderlich für den Spermientransport.

Wenn Sie ...

- ... Geschlechtsverkehr im Stehen oder Sitzen haben, kann es sein, dass das Sperma nicht tief in die Vagina gelangen kann. Dies senkt Ihre Chancen, schwanger zu werden.
- ... vor dem Geschlechtsverkehr Ihre Blase entleeren, müssen Sie hinterher nicht so bald auf die Toilette und können noch eine halbe Stunde in Ruhe liegen bleiben, damit die Spermien Zeit haben, durch den Muttermund zu gelangen.
- ... nach Analverkehr vaginalen Geschlechtsverkehr haben, kann es vermehrt zu Infektionen der Vagina kommen. Scheideninfektionen senken die Chancen auf eine gesunde Schwangerschaft (siehe Seite 58). Tipp: Den Penis zwischendurch waschen.
- ... Geschlechtsverkehr in der Badewanne mögen: Unser Trinkwasser ist in der Regel gechlort; in einigen Städten und Gemeinden mehr als in anderen. Chlorwasser kann schädlich für die Spermien sein, der pH-Wert in der Vagina kann sich durch Chlor ungünstig verändern. Heißes Wasser beeinträchtigt darüber hinaus die Spermienproduktion.

15. Wie lange soll man nach dem Geschlechtsverkehr liegen bleiben, damit die Spermien nicht wieder aus der Scheide laufen?

Es ist normalerweise nicht notwendig, nach dem Geschlechtsverkehr besondere Vorkehrungen zu treffen. Wenn die Spermien beim Geschlechtsverkehr und beim Orgasmus des Mannes tief in die Scheide gelangen, werden ausreichend viele Spermien den Weg zur Gebärmutter und zur Eizelle finden.

Falls im Ejakulat wenige bewegliche Spermien sind, kann die Frau die Chancen auf eine Schwangerschaft vermutlich ein wenig erhöhen, wenn sie nach dem Geschlechtsverkehr noch etwa eine halbe Stunde mit erhöhtem Po liegen bleibt.

16. Ich will ein Mädchen (einen Jungen). Kann ich Einfluss auf das Geschlecht des Kindes nehmen?

Schon immer versuchen die Menschen, Einfluss auf das Geschlecht ihrer Kinder zu nehmen. Im alten Griechenland drehten sich Männer, um einen Sohn zu zeugen, zum Beischlaf nach rechts. Franzosen banden sich hierfür im 18. Jahrhundert den linken Hoden ab. Zeitweise ging man davon aus, dass bestimmte Ernährung während der Schwangerschaft das Geschlecht des Kindes beeinflusst.

Heute weiß man es besser: Das Geschlecht des Kindes liegt vom Augenblick der Zeugung an fest. Es wird durch die Geschlechtschromosomen der Eltern, die Gonosomen, bestimmt. Die Gonosomen werden ihrem Aussehen nach als X- bzw. Y-Chromosomen bezeichnet. Jede Keimzelle hat ein solches Geschlechtschromosom – entweder ein X- oder ein Y-Chromosom. Die Eizelle der Mutter enthält immer ein X-Chromosom. Samenzellen tragen in ihrem Kern entweder ein X- oder ein Y-Chromosom. Die Kombination XX ergibt ein Mädchen, XY einen Jungen. Welches Geschlecht das Kind haben wird, hängt also davon ab, welche der Samenzellen (X oder Y) zur Befruchtung gelangt.

Es gibt keine gesicherten wissenschaftlichen Ergebnisse und schon gar keine Garantie dafür, wie ein Paar das Geschlecht des Kindes bestimmen kann, aber es gibt zahlreiche Hypothesen, die unterschiedlich bewertet werden. Dr. Landrum B. Shettles hat sich auf dieses Thema spezialisiert und in den USA zahlreiche Untersuchungen dazu veröffentlicht, u.a. in dem Buch »How to Choose the Sex of Your Baby« (Doubleday & Co, 1997, ISBN 038548562X). Demnach besitzen weibliche und männliche Samenzellen unterschiedliche Eigenschaften:

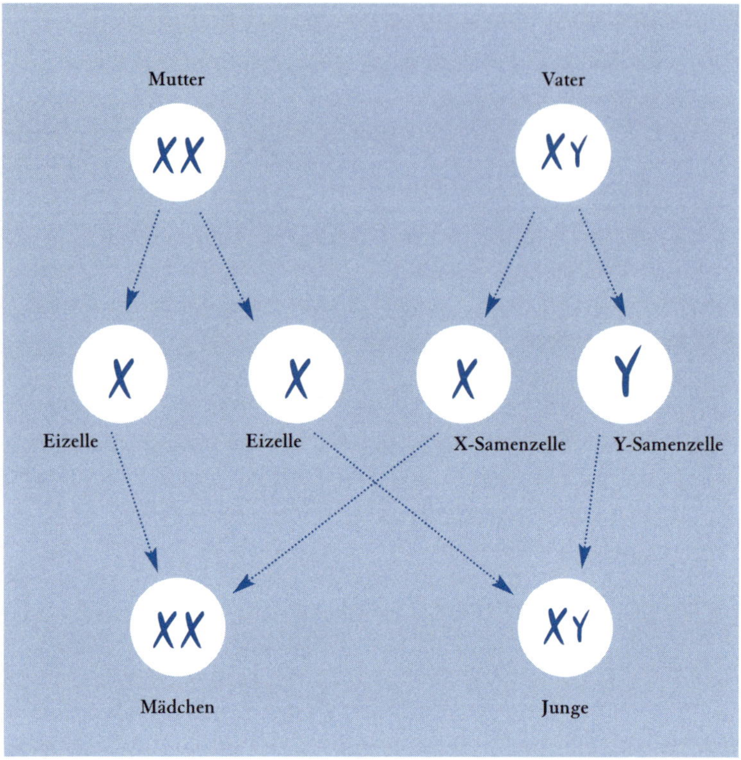

X-Samenzelle	Y-Samenzelle
größer	kleiner
langsamer	schneller
stärker	schwächer
langlebiger	kurzlebiger

Die Samenzellen mit einem X-Chromosom sind größer, stärker, langlebiger und langsamer. Die Y-Samenzellen sind kleiner, schwächer, kurzlebiger und schneller.

Dr. Shettels geht davon aus, dass, wenn der Geschlechtsverkehr zeitlich sorgfältig geplant und der Tag des Eisprungs bekannt ist, die Eltern Einfluss auf das Geschlecht des Kindes nehmen können:

Mädchen: Wenn ein Mädchen gewünscht wird, sollte der Geschlechtsverkehr etwa drei Tage vor der Ovulation (Eisprung) stattfinden, weil die weiblichen Samenzellen länger überleben. Häufiger Geschlechtsverkehr um den errechneten Termin herum erhöht das Verhältnis der weiblichen und männlichen Samen zugunsten der weiblichen.

Junge: Ist ein Junge gewünscht, dann ist Geschlechtsverkehr kurz vor der Ovulation optimal, da die schnelleren männlichen Samenzellen das Ei vor den weiblichen erreichen. Zuvor sollte der Mann einige Tage enthaltsam sein, weil dies den Anteil der männlichen Samen im Ejakulat erhöht.

Weitere geschlechtsbestimmende Faktoren:

Auch der pH-Wert der Scheidenflora spielt eine Rolle: Je saurer die Scheidenflora, umso wahrscheinlicher ist es, ein Mädchen zu zeugen. Die schwächeren Y-Samenzellen können die saure Umgebung nicht so gut vertragen und gehen schneller zugrunde. Wenn die Frau einen Orgasmus bekommt, ist die Scheidenflora alkalischer. Ein Orgasmus der Frau kann also ein Vorteil für die männlichen Samenzellen darstellen. Dr. Shettles empfiehlt daher, dass, wenn ein Mädchen gewünscht wird, die Frau auf den Orgasmus verzichten sollte.

Ebenso hat die Position beim Geschlechtsverkehr einen Einfluss: Je tiefer der Penis in die Scheide eindringt, um so kürzer ist der Weg zum Muttermund. Da die Y-Samenzellen schneller sind, ist die Wahrscheinlichkeit groß, dass die männlichen Y-Zellen das Rennen machen und zuerst beim Ei ankommen. Dr. Shettles empfiehlt für die Zeugung eines Mädchens die Missionarsstellung, für die Zeugung eines Jungen die Stellung von hinten.

Ein weiterer Faktor ist die Anzahl der Spermien: Eine hohe Spermiendichte ist gut, wenn ein Junge gezeugt werden soll. Dr. Shettles empfiehlt Männern, die einen Jungen zeugen wollen, das Tragen von weiter Unterwäsche, um die Spermienproduktion zu optimieren.

Ein heißes Bad kurz vor dem Geschlechtsverkehr macht den männlichen Samenzellen zu schaffen – ist also von Vorteil für die weiblichen Samenzellen.

Zuverlässigkeit

Dr. Shettles Ratschläge sind, wenn ein Mädchen gewünscht wird, zu 70 bis 75% erfolgreich, wenn ein Junge gewünscht wird, zu 75 bis 80%.

Mit technischer Hilfe

Eine Spermiensortier-Maschine, die in den USA entwickelt wurde, kann X- und Y- Spermien selektieren. So wird die programmierte Geschlechterwahl der Kinder möglich. Dieses Verfahren kommt aber nur für die künstliche Befruchtung im Reagenzglas in Betracht.

17. Muss die Frau einen Orgasmus haben, um schwanger zu werden?

Um ein Kind zu zeugen, muss normalerweise zumindest der Mann einen Orgasmus haben und in die Vagina der Frau ejakulieren (bei der künstlichen Befruchtung gelten andere »Regeln«). Es gibt keine wissenschaftlichen Untersuchungen darüber, ob der Orgasmus einer Frau einen positiven Einfluss darauf hat, dass sie schwanger wird. Notwendig ist der Orgasmus der Frau aber nicht.

18. Erhöht eine Fehlgeburt das Risiko einer weiteren Schwangerschaft?

Nach einer Fehlgeburt ist das Risiko einer weiteren Fehlgeburt nicht erhöht. Von wiederholten Fehlgeburten oder »habituellen Aborten« als behandlungsbedürftige Erkrankung spricht man definitionsgemäß nach drei erlittenen Fehlgeburten in ununterbrochener Reihenfolge (Definition der WHO = World Health Organization, Weltge-

Zahl der Fehlgeburten in der Vorgeschichte	Risiko einer weiteren Fehlgeburt
0	11-15%
1	12-24%
2	19-35%
3	25-46%

sundheitsorganisation). Allerdings steigt die Wahrscheinlichkeit eines weiteren Aborts schon nach zwei Fehlgeburten deutlich an.

Die Zahlen in dieser Tabelle bezeichnen jedoch nur das Risiko, weitere Fehlgeburten zu erleiden – ohne Kenntnis der Ursachen für die Aborte. Werden diese mit einbezogen, können diese Zahlen erheblich variieren. So kann bei bestimmten genetischen Veränderungen das Risiko nach ein bis zwei Fehlgeburten genauso niedrig sein wie bei einer Frau, welche noch nie ein Kind verloren hat.

19. Muss ich mich besonders ernähren, wenn ich einen Kinderwunsch habe?

Ob mit oder ohne Kinderwunsch sollten Sie darauf achten, frische und vollwertige Lebensmittel zu sich zu nehmen. Bei einer gesunden, vollwertigen Ernährung treten in der Regel keine Mangelerscheinungen auf, die gegebenenfalls Einfluss auf die Fruchtbarkeit oder auf eine gesunde Schwangerschaft haben.

Achten Sie auf einige grundlegende Dinge. Essen Sie:

- viel frisches Obst und Gemüse
- Vollkornbrot
- wenig Fast Food
- wenig Zucker
- wenig Fett
- trinken Sie viel Wasser oder Saft

- Eisen: Während der Schwangerschaft brauchen Sie etwa die doppelte Menge an Eisen. Dieses ist enthalten in grünem Gemüse, wie z.B. Broccoli, Spinat, aber auch in Erdbeeren und Getreideprodukten wie Müsli und Brot, Sesam, in rotem Muskelfleisch und in Fisch. Eisen wird vom Körper besser aufgenommen, wenn Sie dazu etwas Vitamin-C-haltiges essen. Tee und Kaffee hemmen die Aufnahme von Eisen.
- Vitamin A: Vermeiden Sie größere Mengen Vitamin A. Im schlimmsten Fall kann es bei einer zu großen Aufnahme zu Schädigungen des Embryos kommen. Zu viel Vitamin A findet man

in einigen Multivitaminpräparaten und zum großen Teil in Leber und Leberpastete.

- Folsäure: Folsäure ist ein sehr empfindliches Vitamin, welches durch Lagerung, schonungslose Garverfahren und längere Haltung zerstört wird. Folsäure ist für die Entwicklung des Kindes von großer Bedeutung. Frauen mit Kinderwunsch wird darum während der Monate vor der Schwangerschaft bis etwa zum vierten Schwangerschaftsmonat empfohlen, zusätzlich mindestens 400 bis 800 Mikrogramm Folsäure, in Tablettenform, einzunehmen.

20. Was ist Folsäure?

Folsäure ist ein Vitamin aus der B-Reihe (Vitamin B_9). Im Stoffwechsel hat Folsäure eine zentrale Position: Es ist wichtig für Aufbau und Reparatur der Nukleinsäuren, also der Erbinformation, im Bereich der Blutbildung und der Nervenfunktionen.

21. Was ist ein Folsäuremangel und was sind seine Folgen?

Ein Folsäuremangel ist der in Europa und Nordamerika häufigste Vitaminmangel. Der menschliche Körper kann keine Folsäure einlagern und muss sie immer in ausreichendem Maße mit der Nahrung zugeführt bekommen.

Ein Mangel an Folsäure tritt während einer Schwangerschaft häufig auf. In der Schwangerschaft wird Folsäure vier- bis fünfmal schneller als normal ausgeschieden. Eine schwangere Frau sollte also besonders darauf achten, dass sie genügend Folsäure zu sich nimmt.

Ein Mangel an Folsäure kann die Empfängnisbereitschaft mindern, das Risiko für Fehlgeburten erhöhen und zu Wachstumsstörungen des Kindes im Mutterleib führen. Darüber hinaus ist auch die Gefahr von Fehlbildungen und Fehlgeburten bei einem Mangel von Folsäure deutlich erhöht.

Die entscheidende Phase der Neuralrohrbildung erfolgt bereits in den ersten vier Schwangerschaftswochen, also bevor eine Frau sicher weiß, dass sie schwanger ist. Wer bereits mindestens ein bis zwei Monate vor der Schwangerschaft und auch noch in der Frühschwangerschaft für eine gute Versorgung mit dem Vitamin sorgt, kann das Risiko für Neuralrohrschäden, d.h. einen offenen Rücken, des Kindes deutlich mindern.

In umfangreichen Studien ist zweifelsfrei dokumentiert worden, dass auf diese Weise sowohl der besonders folgenschweren Missbildung Spina bifida (offener Rücken) als auch anderen Fehlbildungen des Rückenmarks und Gehirns effektiv vorgebeugt werden kann. Zwar ist eine Folsäureprophylaxe nicht zu 100% sicher, aber das Risiko sinkt durch die frühzeitige und regelmäßige Einnahme deutlich.

Die neueste Empfehlung lautet:

Alle Frauen im gebärfähigen Alter, die nicht zuverlässig verhüten und bei denen eine Schwangerschaft eintreten kann, und besonders die Frauen, die Kinder haben möchten, sollten täglich zusätzlich zur Nahrung mindestens 400 Mikrogramm (0,4 mg) Folsäure zu sich nehmen. Sollten Sie schon ein Kind mit Neuralrohrdefekt haben, erhöht sich die empfohlene Menge sogar auf 4.000 Mikrogramm (= 4 mg) Folsäure, die Sie täglich einnehmen sollten.

22. Wie kann ich einem Folsäuremangel vorbeugen?

Folsäure in der Nahrung

Als natürliche Folsäurequelle bieten sich Weizenkeime (z.B. im Vollkornmehl), Spinat, Endivien, Broccoli, Spargel, einige Obstsorten wie Erdbeeren, Kirschen, Trauben und Orangen und verschiedene Kohlsorten an. Die darin enthaltene Folsäure ist allerdings wasserlöslich, licht- und hitzeempfindlich.

Die Nahrung muss schonend zubereitet werden, da sonst der Folsäuregehalt auf einen Bruchteil absinken kann (beste Garmethode: in wenig Wasser kurze Zeit dämpfen). Die Verluste an Folsäure betragen beim Kochen zwischen 30 und 90%.

Essen Sie Ihre Lebensmittel frisch, denn auch durch Lagerung ohne ausreichende Kühlung sinkt der Folsäuregehalt.

Folsäurezusatz: Da Weizenkeimlinge ebenfalls einen hohen Folsäuregehalt haben, hat man ein Verfahren entwickelt, um aus Weizenkeimlingen Folsäure zu gewinnen. Dieses Produkt, genannt Biogerm, kann Lebensmitteln zugesetzt werden.

Frühstücksflocken, Frühstücksgetränken, Broten und Milch wurden beispielsweise diese Folsäure zugesezt. Die Produkte sind mit »Biogerm FS« gekennzeichnet, wenn die Folsäure aus natürlichen Quellen stammt, und mit »Biogerm FS +«, wenn es sich zusätzlich um synthetisch hergestellte Folsäure handelt.

Tagesbedarf

Um einem Folsäuremangel vorzubeugen, wird Frauen mit einem Kinderwunsch und schwangeren Frauen empfohlen, schon einige Monate vor der Empfängnis und während der ersten Schwangerschaftsmonate (ungefähr bis zum Ende des ersten Drittels) Folsäure in Form von Tabletten einzunehmen.

Der schwangere Organismus sollte etwa 0,4 Milligramm bis 0,8 Milligramm Folsäure am Tag aufnehmen.

Der tägliche Bedarf an Folsäure	
Säuglinge im ersten Lebensjahr	0,06 - 0,08 mg
Kinder von 1 bis 7 Jahren	0,2 - 0,3 mg
Kinder von 7 bis 15 Jahren	0,3 - 0,4 mg
Jugendliche und Erwachsene	0,4 mg
Schwangere und stillende Frauen	0,4 - 0,8 mg

23. Soll ich bei einem Kinderwunsch zusätzlich Folsäure einnehmen?

Das Rückenmark des Babys bildet sich schon in den ersten Wochen nach der Konzeption, zu einem Zeitpunkt also, da viele Frauen noch nicht wissen, dass sie schwanger sind. Daher soll mindestens vier bis acht Wochen vor Beginn einer geplanten Schwangerschaft mit der Einnahme von Folsäure begonnen werden. Nur so ist die optimale Versorgung mit Folsäure gewährleistet. Untersuchungen haben ergeben, dass eine frühe Gabe von Folsäure schon einige Monate vor der Empfängnis bis zu Beginn des vierten Schwangerschaftsmonats das Risiko eines Neugeborenen mit Neuralrohrschaden deutlich senkt.

24. Wie schädlich ist das Rauchen?

Raucher haben ein erhöhtes Risiko für Krebserkrankungen wie z.B. Lungenkrebs, andere Lungenerkrankungen und Herz- und Kreislauferkrankungen.

Zigarettenrauch schadet nicht nur dem Raucher, sondern auch anderen Menschen, die sich im selben Raum aufhalten, den so genannten Passivrauchern. Es reicht bereits, sich mit den Rauchern zusammen in einem Raum aufzuhalten und den Zigarettenqualm einzuatmen, um die eigene Gesundheit und die der Nachkommen zu beeinträchtigen. Rauchen schädigt u.a. die Chromosomen in den männlichen und weiblichen Keimzellen.
Zigarettenqualm enthält 3.500 bis 4.000 verschiedene Substanzen, darunter Teer, Arsen, Benzol und Kadmium, Blausäure, Blei und Kohlenmonoxid.

Fruchtbarkeit:

Rauchende Männer gefährden ihre Fruchtbarkeit: Die Schädigung der Spermien senkt die Fruchtbarkeit der Raucher. Rauchende Männer müssen vermutlich länger auf ein Kind warten oder bleiben häufiger kinderlos als Nichtraucher.

Auch Raucherinnen sind öfter von Unfruchtbarkeit betroffen als Nichtraucherinnen. Raucherinnen haben ein erhöhtes Risiko für Fehlgeburten, Frühgeburten und Totgeburten.

Marihuana: Lange Zeit war man der Meinung, dass Marihuana keine Nebenwirkungen auf die Fruchtbarkeit hat. Untersuchungen zeigen jedoch, dass bei Männern, die Marihuana rauchen, die normale Samenproduktion gestört wird.

Schäden fürs Kind:

Bei Kindern rauchender Väter ist die Leukämierate signifikant (deutlich) erhöht. Dies zeigt eine Studie britischer Wissenschaftler bei der Väter untersucht wurden, die zum Zeitpunkt der Zeugung Raucher waren.

Kinder rauchender Mütter leiden signifikant öfter an:

- vorgeburtlichen Wachstumsstörungen
- Hyperaktivität
- einer geringen Zahl roter Blutkörperchen und niedrigeren Hämoglobinwerten

- einem erhöhten Risiko des plötzlichen Kindstods (um 25 bis 50%)
- einem Vitamin-B12-Mangel, der Chromosomenschäden und eine gehemmte Zellteilung zur Folge haben kann
- einem um 30% erhöhten Risiko, im Jugendalter an Asthma zu erkranken
- einem erhöhten Lymphom- und Leukämierisiko

Alle oben genannten Folgen des Rauchens sind dosisabhängig. Bereits ab einem regelmäßigen Konsum von sieben Zigaretten sind deutliche Schäden nachweisbar.

Aufhören: Optimal ist es, wenn Sie überhaupt nicht rauchen. Sind Sie oder Ihr Partner Raucher, sollten Sie so bald wie möglich mit dem Rauchen aufhören. Mit dem Rauchen aufzuhören senkt Ihr Risiko, krank zu werden, und es senkt das Risiko Ihres Kindes, an Folgeschäden durch das elterliche Rauchen zu erkranken.

Hilfe: Die meisten Raucher kennen die Gefahren für sich und ihr Kind, sind aber zu abhängig, um diese schädigende Angewohnheit, die meist zu einer Sucht geworden ist, sein zu lassen. Raucher, die aufhören wollen, können sich professionellen Rat bei folgenden Instituten holen:

Deutsches Krebsforschungszentrum Heidelberg
Telefon: 06221/42 42 00
Mo/Di/Do/Fr von 15 bis 19 Uhr und mittwochs von 16 bis 20 Uhr

Bundeszentrale für gesundheitliche Aufklärung
Telefon: 0221/89 20 31
Mo-Do von 10 bis 22 Uhr
Fr-So von 10 bis 18 Uhr

25. Schadet Alkohol bei Kinderwunsch?

Alkohol ist ein Gift und schädigt die Leber.

Alkohol bei der Frau: Alkohol führt zur Verzögerung der Eireifung und zu Zyklusstörungen. In der Schwangerschaft führt Alkohol zum so genannten Fetalen-Alkohol-Syndrom. Da man nicht weiß, ab welchem Schwellenwert diese Störungen auftreten (und dieser wahrscheinlich individuell unterschiedlich ist), wird Frauen mit Kinderwunsch empfohlen, gar keinen Alkohol zu trinken. Darüber hinaus erhöht sich durch den Konsum von Alkohol der Bedarf an Vitaminen des B-Komplexes sowie an Magnesium, Zink und Kalzium. Bei einem Mangel an Magnesium, Zink und Kalzium kann der Zyklus unregelmäßig und die Empfängnis erschwert werden.

Alkohol beim Mann: Alkohol reduziert beim Mann die Samendichte. Regelmäßiger Alkoholgenuss erhöht den Anteil fehlgebildeter Spermien und beeinträchtigt die männliche Fruchtbarkeit. Über die Maßen genossen,

senkt Alkohol die Erektionsfähigkeit und dämpft die Lust auf Sex. Alkohol, genossen zum Zeitpunkt der Zeugung, gefährdet die Entwicklung des Embryos in besonderem Maße.

Es liegen keine wissenschaftlichen Untersuchungen vor, die nachweisen, dass geringe Mengen Alkohol unschädlich sind. Daher wird auch Männern, die ein Kind zeugen möchten, empfohlen, ganz auf Alkohol zu verzichten.

26. Darf ich Gleitmittel verwenden, wenn ich schwanger werden will?

Die meisten Gleitmittel haben einen negativen Einfluss auf Spermien. Zwar wirken Gleitmittel in der Regel nicht empfängnisverhütend, aber die meisten Gleitmittel senken die Wahrscheinlichkeit, schwanger zu werden.

Paare mit Kinderwunsch sollten sich vor der Verwendung jeglicher Gleitmittel mit einem Frauenarzt beraten.

27. Muss ich mich vor der Schwangerschaft gegen Röteln impfen lassen?

Eine Rötelninfektion während der Schwangerschaft kann dem Kind schaden. Deshalb versucht man zu verhindern, dass eine schwangere Frau, die nicht gegen Röteln immun ist, sich mit Röteln ansteckt.

Wer einmal an Röteln erkrankt ist, besitzt in der Regel einen lebenslangen Schutz. Genau wie viele Frauen, die gegen Röteln geimpft worden sind, hat man ausreichend Antikörper im Blut und ist gegen eine weitere Ansteckung immun.

Anhand einer Blutuntersuchung können Sie feststellen lassen, ob Immunität besteht. Diese wirkt dann auch während der Schwangerschaft schützend. Oft ist die Krankheit völlig unbemerkt, ohne Symptomatik, verlaufen.

- Sollte sich bei der Blutuntersuchung herausstellen, dass Sie nicht gegen Röteln immun sind, ist eine Impfung rechtzeitig vor einer geplanten Schwangerschaft ratsam. Es wird zur Sicherheit empfohlen, innerhalb der ersten 28 Tage nach einer Impfung oder einer frischen Rötelninfektion nicht schwanger zu werden.

28. Kann der Mann Einfluss auf seine Spermienqualität oder -quantität nehmen?

Möglichkeiten zur Spermienverbesserung, wenn ein schlechter Befund vorliegt, sind umstritten. Es gibt keine wissenschaftlichen Untersuchungen, die belegen, dass schlechte Spermienwerte durch irgendeine Behandlung verbessert werden können.

Allerdings ist bekannt, dass ein ungesunder Lebensstil die Spermienqualität und -quantität beeinträchtigt.

Was können Sie tun, um die Qualität und Quantität Ihrer Spermien möglicherweise vorbeugend zu erhöhen?

- Lassen Sie sich untersuchen, um festzustellen, ob Sie Varikozelen, das sind Veränderungen an den Venen des Hodensacks (Krampfadern), haben.
- Mit dem Rauchen aufhören.
  Wer raucht, hat weniger und weniger bewegliche Spermien.
- Weder Marihuana, noch harte Drogen konsumieren.
  Der Langzeitgebrauch von Marihuana reduziert die Spermienproduktion und erhöht den Anteil an missgebildeten Spermien. Kokain, Heroin und andere harte Drogen beeinträchtigen sowohl die Fruchtbarkeit als auch die Entwicklung des Babys. Durch Drogenkonsum des Vaters kann ein Kind in seiner Entwicklung gestört werden.
- Kein Alkohol.
  Auch schon das eine oder andere Glas Wein bzw. Bier, und erst recht höherprozentiger Alkohol, kann den Testosteron-Spiegel senken und die Spermienquantität wie -qualität negativ beeinflussen. Da kein Grenzwert bekannt ist, bis zu dem Alkohol nicht schadet, ist Mann auf der sicheren Seite, wenn er ganz auf Alkohol verzichtet.

- In Maßen Sport.
Männer, die viel Sport treiben, produzieren viel Testosteron und erhitzen ihren Körper sehr. Dies kann einen negativen Einfluss auf die Spermienproduktion haben. Überhitzte Hoden reagieren mit einer Reduzierung der Spermienproduktion.
- Finger weg von Anabolika.
Unter dem Einfluss von Anabolika können die Hoden sich zurückbilden, was Unfruchtbarkeit zur möglichen Folge hat.
- Genügend Vitamin C in Form von frischem Obst und Gemüse essen. Vitamin C hat einen positiven Einfluss auf die Produktion gesunder Spermien. Nehmen Sie täglich etwa 60 mg (wenn Sie rauchen bis zu 100 mg) Vitamin C zu sich.
- Die Zinkaufnahme beachten.
Es wird eine Aufnahme von mindestens zwölf bis 15 mg täglich empfohlen. Ein Zinkmangel reduziert die Spermienanzahl und den Testosteron-Spiegel.
- Kalzium und Vitamin D
Männer mit Kinderwunsch sollten täglich mindestens 1.000 mg Kalzium und 10 Mikrogramm Vitamin D zu sich nehmen.
- Bei Bedarf das richtige Antibiotikum einnehmen.
Nitrofurane (Nitrofurazon, Nitrofurantoin) und Makrolidantibiotika (z.B. Erythromycin, Spiramycin, Josamycin sowie Azalide) beeinflussen zeitweise die Spermienqualität und -quantität. Wenn Sie Antibiotika einnehmen müssen, fragen Sie den Arzt nach einem Mittel, welches keinen Einfluss auf die Fruchtbarkeit hat.
- Von Umweltgiften möglichst fernhalten, ebenso von den bekannten Giften wie Pestiziden, Blei, giftigen Chemikalien. Der Kontakt mit Umweltgiften kann sich negativ auf die Spermienqualität und Spermienmenge auswirken.
- Kühle Hoden sind wichtig für die Zeugungsfähigkeit.
Achten Sie darauf, weite Unterhosen und Hosen zu tragen, damit die Hoden in ihrer natürlichen Entfernung vom Körper kühl bleiben können. In enge Unterhosen und Hosen gequetscht, erwärmen sie sich auf Körperkerntemperatur, die Spermienproduktion wird hierdurch gedrosselt.
- Saunabesuche und heiße Bäder nicht ausdehnen.
Mal kurz in die Sauna ist nicht das Problem – wenn Sie aber

lange in der heißen Wanne sitzen oder zu lange in der Sauna bleiben, erwärmen sich die Hoden. Eine Verringerung der Spermienproduktion kann die Folge sein.

29. Ich fühle mich schwanger, aber der Schwangerschaftstest ist negativ. Was soll ich tun?

Die Intuition einer Frau ist meist zuverlässiger als der beste Schwangerschaftstest. Aber die Schwangerschaft ist erst dann gesichert, wenn ein Schwangerschaftstest positiv ausfällt.

Ein starker Kinderwunsch kann bei einer Frau dazu führen, jedes Symptom als Anzeichen einer Schwangerschaft zu deuten. Leichte Menstruationsbeschwerden fühlen sich oftmals ganz ähnlich an wie die ersten Schwangerschaftsanzeichen.

Falls Sie sich schwanger fühlen, sollten Sie in allem zunächst mal so handeln, als ob Sie schwanger wären. Dann sind Sie auf der sicheren Seite. Trinken Sie keinen Alkohol, rauchen Sie nicht und leben Sie gesund.

Falls ein Frühtest oder ein früh gemachter Schwangerschaftstest negativ ist, bringt eine Wiederholung des Tests eine Woche später oder der nächste Arztbesuch Gewissheit.

30. Kann ich trotz Menstruation schwanger sein?

Ja. In seltenen Fällen kommt es vor, dass Frauen trotz einer Schwangerschaft noch bis zu einigen Monaten lang monatliche Blutungen haben, die der Menstruation ähneln. Diese Blutungen sind aber meist schwächer und auch kürzer als die Regelblutungen.

Fragen zur Schwangerschaft

31. Woran erkenne ich, dass ich schwanger bin?

Es gibt eine ganze Reihe verschiedener Symptome, die auf eine Schwangerschaft hindeuten können. Diese Anzeichen können unterteilt werden in unsichere, wahrscheinliche und sichere Schwangerschaftszeichen.

Unsichere Schwangerschaftszeichen	Wahrscheinliche Schwangerschaftszeichen	Sichere Schwangerschaftszeichen
• Übelkeit • Erbrechen • Appetitstörungen (z.B. abnorme Essgelüste oder Appetitlosigkeit) • Schwindel • Brustspannen • häufiges Wasserlassen • Verstopfung • menstruationsartige Krämpfe	• Veränderungen der Genitalorgane (weicher, gut durchbluteter Muttermund) • Ausbleiben der Monatsblutung • Vergrößerung von Gebärmutter und Brustdrüse • eine verstärkte Pigmentierung des Warzenhofes an der Brustwarze (Areola) • früher positiver Schwangerschaftstest	• positiver Schwangerschaftstest • Erhöhung der Basaltemperatur, bereits sehr früh in der Schwangerschaft • positives Ultraschallbild • kindliche Herztöne • Kindsbewegungen

32. Wie und wann kann ich eine Schwangerschaft feststellen?

Es gibt verschiedene Möglichkeiten, eine Schwangerschaft festzustellen.

- Den Schwangerschafts-Heimtest (mit Urin)
- Die Blutuntersuchung beim Arzt
- Die Untersuchung u.a. durch Ultraschall beim Arzt

Hormone im Blut und im Urin

Ein Schwangerschafts-Heimtest, wie auch der Bluttest, den der Arzt vornimmt, misst das Schwangerschaftshormon »hCG« (humanes Chorion-Gonadotropin). Es handelt sich um ein Hormon, welches im Körper der gesunden Frau ausschließlich während einer Schwangerschaft vorkommt. Das Schwangerschaftshormon hCG wird innerhalb von einigen Tagen nach der Einnistung der befruchteten Eizelle in der Gebärmutter gebildet. In der Regel liegt die Konzentration im Blut in den ersten sechs bis acht Tagen nach der Befruchtung zwischen zehn und 50 U/l. Bei Blutuntersuchungen können schon geringe Mengen hCG festgestellt werden. Urin-Frühtests können eine Schwangerschaft schon kurz vor Ausbleiben der Menstruation feststellen. Sie reagieren besonders empfindlich auf das Hormon.

Ein positiver Test bestätigt eine Schwangerschaft. Ein negativer Schwangerschaftstest schließt eine Schwangerschaft nicht mit völliger Sicherheit aus.

»Normale« Urintests zeigen ein relativ zuverlässiges Ergebnis etwa ab dem zweiten Tag nach Ausbleiben der Menstruation, wogegen die so genannten Frühtests, wenn sie einige Tage vor der erwarteten Menstruation angewendet werden, nicht selten falsche Ergebnisse bringen.

Ultraschall: Bei einer Ultraschalluntersuchung durch die Scheide (mit einer hochauflösenden Vaginalsonde) kann die Schwangerschaft schon etwa zwei bis drei Wochen nach der Befruchtung festgestellt werden. Der Herzschlag des Kindes, ein sicherer Beleg für eine Schwangerschaft, ist etwa ab der sechsten Schwangerschaftswoche, d.h. etwa ab der vierten Woche nach dem Eisprung (siehe Seite 14), zu sehen.

33. Was ist eine extrauterine Schwangerschaft (Eileiter- oder Bauchhöhlenschwangerschaft)?

Extrauterinschwangerschaft ist der Oberbegriff für alle Formen der Schwangerschaft, bei denen die Einnistung (Nidation) des befruchteten Eis außerhalb der Gebärmutter erfolgt. Dies kommt bei etwa ein bis zwei Prozent aller schwangeren Frauen vor.

Eine extrauterine Schwangerschaft kann nicht ausgetragen werden.

Meist nistet sich die befruchtete Eizelle dann im Eileiter ein, was als Eileiterschwangerschaft bezeichnet wird. Eine Bauchhöhlenschwangerschaft kommt seltener vor und noch seltener die so genannte Eierstockschwangerschaft.

Nicht wenige extrauterine Schwangerschaften gehen wegen der ungünstigen Einnistungsbedingungen frühzeitig und unentdeckt zugrunde. Führen sie allerdings zu Symptomen, kann es zu erheblichen Problemen bis hin zur akuten Lebensgefahr für die Frau kommen. Wenn z.B. ein wachsender Embryo im Eileiter so groß wird, dass er dort zum Reißen des Eileiters führt, besteht das Risiko einer lebensbedrohenden Blutung.

Wird eine extrauterine Schwangerschaft diagnostiziert, so wird diese in der Regel chirurgisch abgebrochen.

34. Woran erkenne ich eine Bauchhöhlen- oder eine Eileiterschwangerschaft?

Frauen, die schon einmal eine Eileiterschwangerschaft oder eine Eileiteroperation hatten, tragen ein erhöhtes Risiko für eine Eileiterschwangerschaft.

Da eine extrauterine Schwangerschaft schon zu einem sehr frühen Zeitpunkt gefährlich werden kann, ist es wichtig, ihre Symptome zu erkennen.

Die vier wichtigsten Anzeichen einer extrauterinen Schwangerschaft sind:

- Ausbleiben der Menstruation
- Positiver Schwangerschaftstest
- Schmerzen
- Schmierblutungen

Die unterschiedlichen Einnistungsorte einer befruchteten Eizelle, je nachdem ob im Eileiter oder in der Bauchhöhle, bestimmen vor allem den Schmerzcharakter.

Die Schmerzen können intensiv und plötzlich auftreten, aber auch langsam zunehmen, z.B. als einseitiges dumpfes Druckgefühl oder »Ziehen« im Unterbauch. Die Frauen sind blass, kurzatmig, haben einen rasenden Puls und leiden eventuell unter Übelkeit und Erbrechen. Der Bauch ist gespannt und bei der leichtesten Berührung außerordentlich schmerzempfindlich. Die wehenartigen Unterbauchschmerzen können mit Schwächezuständen und Ohnmachtsanfällen, mit Schmerzen im Oberbauch und ausstrahlendem Rückenschmerz einhergehen.

Bei diesen Symptomen sollten Sie sofort den Arzt oder besser noch das nächstgelegene Krankenhaus aufsuchen, um eine Eileiterschwangerschaft oder eine Bauchhöhlenschwangerschaft auszuschließen.

35. Wann macht sich eine Schwangerschaft frühestens bemerkbar?

Es gibt Schwangerschaften, die machen sich bemerkbar, wenn die Menstruationsblutung ausbleibt. Andere »outen« sich erst, wenn der Bauch auffällig gewachsen ist – also etwa ab der zwölften Woche.

Es gibt Frauen, die haben schon relativ früh typische Schwangerschaftsanzeichen, bei anderen zeigt der Körper keinerlei Unpässlich-

keiten. Die Ursache von Übelkeit, Müdigkeit, Rückenschmerzen, Verdauungsstörungen u.a. wird in der Regel auf das Vorhandensein des Schwangerschaftshormons hCG (humanes Chorion-Gonadotropin) zurückgeführt. Das Hormon ist erst etwa drei Wochen nach dem Eisprung in relevanter Menge im Blut, um gegebenenfalls derartige Schwangerschaftssymptome auszulösen.

36. Wie berechnet man den Schwangerschaftsbeginn?

Rein rechnerisch beginnt die Schwangerschaft mit dem ersten Tag der letzten Menstruation.

Wenn Sie also erstmalig zum Arzt gehen, wird er sie nach dem Termin der letzten Blutung fragen und diesen als Schwangerschaftsbeginn festlegen – selbst wenn die Frau den Termin des Eisprungs oder der Befruchtung zu kennen glaubt.

Ein Arzt kann z.B. ab etwa der sechsten Schwangerschaftswoche den Herzschlag des Kindes im Ultraschall erkennen. Dann liegt aber der Eisprung erst etwa vier Wochen zurück.

Um den unterschiedlichen Zykluslängen Rechnung zu tragen, hat der Arzt jederzeit die Möglichkeit, das Schwangerschaftsalter zu korrigieren. Im Mutterpass wird er dies dann dokumentieren.

37. Wie errechnet man den Entbindungstermin?

Der Entbindungstermin ist der Zeitpunkt, an dem die Geburt normalerweise zu erwarten ist. Beim ersten Arztbesuch wird der »voraussichtliche« Geburtstermin errechnet: der 266. Tag nach der Befruchtung bzw. 280 Tage

nach dem ersten Tag der letzten Menstruation (280 Tage = 40 Wochen oder zehn Mond-Monate zu je 28 Tagen).

Die meisten Babys kommen irgendwann zwischen zwei Wochen vor und zwei Wochen nach diesem errechneten Termin zur Welt.

Da der Zeitpunkt des Eisprungs, also der exakte Konzeptionstermin, meist nicht genau bekannt ist, basieren die Berechnungen der Schwangerschaftsdauer auf dem ersten Tag der letzten Menstruation. Es werden also immer die beiden Wochen vor der Befruchtung mitgezählt und der Beginn der Schwangerschaft ab der letzten Periode berechnet.

Wie ist der Termin leicht zu errechnen?

Um nun den wahrscheinlichen Geburtstermin zu bestimmen, benutzt man noch heute die Berechnungsmethode des Gynäkologen und Geburtshelfers Dr. Friedrich Karl Naegele (1778-1851):

1. Tag der letzten Menstruation + 7 Tage + 1 Jahr - 3 Monate +/- x
[x = Abweichung vom 28-tägigen Zyklus]

Man rechnet vom ersten Tag der letzten Menstruation sieben Tage und ein Jahr hinzu und zieht davon drei Monate ab.

Diese Methode basiert auf einem regelmäßigen 28-tägigen Zyklus, bei dem der Eisprung am 14.Tag des Zyklus eingetreten ist. Individuelle Abweichungen müssen also entsprechend berücksichtigt werden.

Zum berechneten Termin kommen jedoch nur vier Prozent der Kinder zur Welt, innerhalb von einer Woche um den errechneten Geburtstermin herum 26% und innerhalb von drei Wochen um den errechneten Geburtstermin 66%.

38. Muss ich in der Schwangerschaft für zwei essen?

Nein. Normalerweise benötigt eine Frau etwa 2.000 bis 2.100 kcal/Tag.
Schwangere zwischen 20 und 25 Jahren benötigen ab der 16. Woche etwa 2.500 kcal/Tag. Ältere Schwangere haben denselben Kalorienbedarf, den sie auch ohne Schwangerschaft haben.

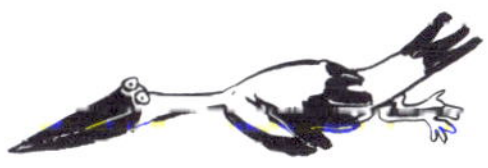

39. Wie viel darf ich in der Schwangerschaft zunehmen?

Durchschnittlich beträgt die Gewichtszunahme während der Schwangerschaft etwa zehn bis zwölf Kilogramm. Noch als normal gilt es, wenn Sie zwischen neun und vierzehn Kilogramm zunehmen. Je leichter Sie vor der Schwangerschaft waren, umso mehr beträgt die durchschnittliche Zunahme an Gewicht.

Im ersten Schwangerschaftsdrittel nehmen die meisten Frauen nicht mehr als ein Kilogramm zu, viele nehmen aber auch ein wenig ab.

Im zweiten Schwangerschaftsdrittel (zwischen der zwölften und 28. Woche) beträgt die durchschnittliche Gewichtszunahme etwa 300 bis 400 Gramm pro Woche.

Im dritten Schwangerschaftsdrittel wächst das Baby schnell. In dieser Phase beträgt die durchschnittliche Gewichtszunahme bis zur 40. Schwangerschaftswoche etwa 450 Gramm pro Woche.

In der oder den letzten Wochen bleibt das Gewicht meist gleich.

Die Zunahme des Gewichtes in der ersten Schwangerschaftshälfte ist auf hormonelle Veränderungen im Stoffwechsel zurückzuführen. Erst ab der zweiten Hälfte der Schwangerschaft spielt das Gewicht des Kindes eine Rolle.

13 kg Gewichtszunahme verteilen sich dann etwa so:

- Gebärmutter: 900 g
- Brust: 400 g
- Blut: 1.300 g
- Wasser: 1.800 g
- Fett: 3.500 g
- Fötus: 3.500 g
- Mutterkuchen (Plazenta): 800 g
- Fruchtwasser: 800 g

40. Muss ich mein Gewicht genau beobachten?

Während der Schwangerschaft kann die Gewichtsentwicklung einen Hinweis auf Probleme geben. Daher ist eine regelmäßige Kontrolle durchaus sinnvoll.

So ist Übergewicht nicht selten mit einem zu hohen Blutdruck verbunden. Auch kann eine plötzliche Gewichtszunahme ein Hinweis auf Wassereinlagerungen (Ödeme) sein. Beide Ursachen sind ein Grund, den Arzt aufzusuchen. Er nimmt Untersuchungen vor, um krankhafte Veränderungen und Risiken für das Baby auszuschließen.

41. Kann ich Schwangerschaftsstreifen vorbeugen?

Mehr als zwei Drittel aller Schwangeren bekommen so genannte Schwangerschaftsstreifen (striae gravidarum) am Bauch. Ursache dieser Streifen ist das Hormon Kortison, das in der Schwangerschaft vermehrt produziert wird. Kortison verringert die Elastizität der Haut.

Die Haut zeigt parallele, zunächst leicht erhabene, bläuliche bis braunrote Streifen, die durch Dehnung des Unterhautgewebes entstehen. Durch die Risse schimmern die Blutgefäße rosa oder violett hindurch. Betroffen ist meist der Bauch, aber auch Oberschenkel, Hüften, Brüste und Oberarme. Ganz verhindern kann man Schwangerschaftsstreifen nicht.

Mit einer gezielten Zupf- und Knetmassage können Sie aber ein wenig vorbeugen. Kaltes Abbrausen und Trockenbürstenmassagen, Gymnastik und Schwimmen fördern die Durchblutung der Haut und helfen, ihre Elastizität zu erhalten.

Studien haben gezeigt, dass Frauen, die vor und während der Schwangerschaft Sport und/oder Gymnastik machen, deutlich seltener Schwangerschaftsstreifen bekommen. Bewegung ist die effektivste Vorbeugung und gleichzeitig auch als Vorbereitung für die Entbindung günstig.

42. Wie kann ich das Risiko einer Frühgeburt senken?

Ein potenziell erhöhtes Frühgeburtsrisiko besteht, wenn Spätaborte oder sehr kleine Frühgeborene vorausgegangen sind. Sie können das Risiko einer Frühgeburt senken, wenn Sie nicht rauchen.

Eine häufige Ursache von Frühgeburten ist die vaginale Infektion. Diese geht meist einher mit einer Veränderung des vaginalen Milieus und einem Anstieg des pH-Wertes. Der pH-Wert kann ansteigen, ohne dass Keime nachweisbar sind. Die Veränderung des Vagina milieus lässt sich durch eine pH-Messung ermitteln.

Vorsorgeprogramm: In einem neuen »Vorsorgeprogramm zur Vermeidung von Frühgeburten« wurde ein Messhandschuh entwickelt. Mit ihm können schwangere Frauen eigenständig zweimal pro Woche den Scheiden-pH-Wert ermitteln.

Der Test besteht aus einem dünnen Plastikhandschuh, an dem etwa in der Gegend der Zeigefingerkuppe eine Indikatorfläche angebracht ist. Nach dem Überziehen des Handschuhs streicht die Frau mit der Indikatorfläche über die Innenseite der Schamlippen. Der pH-Wert kann anschließend anhand der beigefügten Farbskala abgelesen werden. Bei erhöhten pH-Werten von 4,7 oder mehr sollte die Schwangere unverzüglich ihren Frauenarzt aufsuchen.

Diese Testhandschuhe sind u.a. im Internet auf der Seite *www.ovula.de* zu bestellen.

43. Was kann ich gegen Schwangerschaftsübelkeit tun?

Auch wenn die schwangerschaftsbedingte Übelkeit gemeinhin als »morgendliche Übelkeit« bezeichnet wird, kann sie zu jeder Tages- und Nachtzeit auftreten. Meist wird es Schwangeren zwar direkt nach dem Aufstehen übel, doch bei manchen Frauen hält der Brechreiz den ganzen Tag über an oder tritt erst am Abend auf.

Ungefähr ein Drittel aller Schwangeren leiden von Beginn der Schwangerschaft an unter Übelkeit und Erbrechen.

Ursache kann die »normale« Umstellung auf den schwangeren Hormonhaushalt sein oder ein niedriger Blutzuckergehalt. Frauen, die schon zu Beginn der Schwangerschaft Sport treiben, haben weniger mit der Schwangerschaftsübelkeit zu kämpfen als andere. Mediziner vermuten, dass Bewegung die Stoffwechselprozesse im Körper beschleunigt und dadurch die

Hormonumstellungen erleichtert. Hier einige Tipps für Frauen, die unter der Schwangerschaftsübelkeit leiden:

- Nehmen Sie häufiger kleine Mahlzeiten ein.
- Essen Sie schon morgens im Bett ein paar Kekse oder Zwieback mit (Kräuter-) Tee.
- Kauen Sie immer wieder Mandeln, Sonnenblumenkerne und Nüsse, bis ein geschmackloser Brei im Mund entsteht. Dies bindet die Säure im Magen.
- Kauen Sie rohe Haferflocken – das hat einen ähnlichen Effekt und bindet ebenfalls die Säure im Magen.
- Probieren Sie Lavendelwickel auf den Magen (zwölf Tropfen Lavendelöl auf einen Liter Wasser).
- Trinken Sie Tee aus geriebener Ingwerwurzel. Ingwer hilft meist und kann in beliebiger Form zubereitet werden.

Traditionelle Hausmittel aus aller Welt:

- Im alten Rom wurde der Saft aus Limonen und Zimtwasser empfohlen.
- Die Engländer empfahlen im 17. und 18. Jahrhundert einen Sirup aus Granatäpfeln, Muskat, Aloe, Zimt, Sauerampfer und Wasser oder einen Aufguss aus Pfefferminze und in schweren Fällen eine Tinktur aus Opium in Minze und Rosen- oder Zimtwasser.
- In Europa und den USA galt in den 1960er Jahren Contergan, ein Schlafmittel, als hilfreich. Tragischerweise wurde dessen schwer entwicklungsschädigende Wirkung erst später, als zahlreiche geschädigte Kinder zur Welt gekommen waren, festgestellt.
- Hawaiianerinnen, denen es in der Schwangerschaft übel ist, wissen sich mit Ingwertee zu helfen.
- In Jamaika trinken Schwangere Fiebergras und Rum.
- Japanische Frauen essen Umeboshi-Pflaumen.

Die schwere Form, das unstillbare Schwangerschaftserbrechen (Hyperemesis gravidarum), muss ärztlich behandelt werden. Die leichteren Symptome klingen meist am Ende des vierten Monats, wenn auch das hCG, das Schwangerschaftshormon im Körper, rückläufig ist, von allein ab.

44. Ich bin schon schwanger – soll ich jetzt noch Folsäure nehmen?

Wenn Sie schon einige Monate vor der Empfängnis und im ersten Drittel der Schwangerschaft Folsäure einnehmen, senken Sie das Risiko, dass Ihr Kind einen Neuralrohrschaden bekommt. Auch wenn Sie mit der Folsäureeinnahme erst mit Beginn der Schwangerschaft anfangen, können Sie das Risiko für Fehlbildungen beim Kind senken (Folsäure siehe Seite 35).

45. Wann kommt für mich eine pränatale Diagnostik in Frage?

Untersuchungen im Rahmen der pränatalen (vorgeburtlichen) Diagnostik haben das Ziel, erbliche Krankheiten oder Fehlbildungen beim Ungeborenen zu erkennen.

Spezielle pränatale Diagnostikverfahren wenden sich v.a. an Frauen, die ein erhöhtes Risiko für ein Kind mit einer Chromosomenanomalie oder einer Erbkrankheit mitbringen. Diese Kriterien stellen einen Risikofaktor dar:

- Alter: Die Mutter ist älter als 34 Jahre (Spätgebärende) und/oder der Vater älter als 45 Jahre.
- Belastende Familienanamnese: Erbkrankheit, Verwandtenehen, vorgeschädigtes Geschwisterkind, zwei oder mehr aufeinander folgende Aborte.
- Psychische Belastung: behindertes Kind im Bekanntenkreis, ängstliche Persönlichkeitsstruktur.
- Röteln-Infektion der Mutter während der Schwangerschaft.
- Infektionen des Vaters vor der Schwangerschaft, z.B. Mumps.
- Die Mutter hat bestimmte Medikamente, z.B. Zytostatika, Antiepileptika, Antikoagulantien, eingenommen.
- Alkohol- und/oder Drogenabhängigkeit.
- Strahlung: diagnostische Röntgenuntersuchungen, berufliche oder akzidentelle Strahlenexposition.
- Beruf: Facharbeiter der pharmazeutischen, chemischen oder Nuklear-Industrie.
- Sonographische Auffälligkeiten bei der Ultraschall-Fehlbildungssuche in der neunten bis zwölften (z.B. auffällige Nackenfalte) und 19. bis 22. Schwangerschaftswoche.
- Pathologische Screeninguntersuchungen (bei Triple-Diagnostik, AFP).
- Wiederholte Aborte oder Infertilität.

Ob eine Frau zu einer der Risikogruppen gehört, ermittelt der Arzt bei der ersten Vorsorgeuntersuchung. Gegebenenfalls wird er eine humangenetische Beratung bei einem entsprechenden Facharzt oder in einer der zahlreichen hierfür spezialisierten Beratungseinrichtungen empfehlen.

46. Welche vorgeburtlichen Untersuchungen gibt es?

Unterschieden bei der vorgeburtlichen Diagnostik wird zwischen invasiven und nicht-invasiven Verfahren. Die invasiven Untersuchungsmethoden erfordern einen operativen Eingriff, um an kindliche Zellen zu gelangen, die im Labor untersucht werden. Nicht-invasive Untersuchungen erfolgen über Hormonbestimmung aus dem mütterlichen Blut oder bei einer Ultraschalluntersuchung.

Ultraschall-Untersuchung der fetalen Nackenfalte: Bei der zweiten großen Ultraschalluntersuchung in der Schwangerschaft, die optimalerweise etwa in der elften bis 13. Schwangerschaftswoche stattfindet, wird die Nackenfalte des Kindes gemessen. Diese Messung ist ein Suchtest für Chromosomenanomalien, Herzfehler, Skelettanomalien und seltene genetisch bedingte Syndrome. Das so genannte Nackenfaltenscreening ermöglicht eine individuelle Risikoeinschätzung für die Trisomie 21 (Down-Syndrom) und andere Chromosomenanomalien. Abhängig von der Erfahrung des Arztes werden bei dieser Untersuchung etwa 80% aller erkrankten Kinder herausgefunden. Wichtig zu wissen ist aber auch, dass bei etwa 5% der positiven Ergebnisse eine Fehleinschätzung des Arztes vorliegt.

Triple-Test: Der Triple-Test ist eine Blutuntersuchung aus dem mütterlichen Blut. Das Ergebnis dieses Tests ist lediglich eine Risikoabschätzung, ob eine Frau ein Kind mit einem Down-Syndrom (Trisomie 21), einem Neuralrohrdefekt oder anderen Chromosomenanomalien hat. Dieser Test sollte, wenn überhaupt, optimalerweise zu Beginn der 16. Schwangerschaftswoche durchgeführt werden.

Invasive diagnostische Verfahren

Die **Amniozentese** (Fruchtwasseruntersuchung) bzw. die **Chorionzotten-Biopsie** ist mit einer Diagnosesicherheit von mehr als 99% die derzeit zuverlässigste Methode zum Auffinden von kindlichen Chromosomenanomalien. Dazu zählen beispielsweise die Trisomien 21 (Down-Syndrom), 13 (Patau-Syndrom) oder 18 (Edwards-Syndrom).

Eine allgemeine »Gen-Untersuchung« ist bei diesen Chromosomenanalysen nicht möglich. Sowohl die Amniozentese als auch die Chorionzotten-Biopsie kann jedoch für weitere (molekulargenetische) Untersuchungen einzelner Genveränderungen, wie z.B. bei der Mukoviszidose, eingesetzt werden.

Die invasiven Untersuchungen erfolgen meist ambulant, so dass die Schwangere nach einer Erholungsphase am selben Tag wieder nach Haus darf.

Die **Chorionzotten-Biopsie,** die Punktion der Plazenta, wird etwa in der elften bis zwölften Schwangerschaftswoche durchgeführt. Die Fehlgeburtenrate nach diesem Eingriff wird mit etwa 1 bis 3% angegeben. Auf Grund unklarer Befunde ist nach einer Chorionzotten-Biopsie bei jedem 20. Eingriff ein zweiter Eingriff notwendig.

Die **Amniozentese,** die Fruchtwasserpunktion, wird meist ab der 14. Schwangerschaftswoche durchgeführt. Das Risiko, durch die Entnahme des Fruchtwassers eine Fehlgeburt auszulösen, beträgt etwa 0,5 bis 1%, abhängig von der Erfahrung des Arztes, der den Eingriff vornimmt. Die Diagnosesicherheit liegt bei 99,4 bis 99,9%.

Ein auffälliges Untersuchungsergebnis stellt die Schwangere oder das Paar vor die schwierige Entscheidung, ob die Schwangerschaft fortgesetzt oder ob ein Abbruch der Schwangerschaft vorgenommen werden soll. Ausführliche Beratungsgespräche sind daher schon vor einer pränatalen Untersuchung sinnvoll. Bei einem Beratungsgespräch geht es dann unter anderem auch um die Frage, ob die Schwangere sich bei Anomalien des Ungeborenen für einen Schwangerschaftsabbruch entscheiden würde.

Keine Garantie: Eine vorgeburtliche Untersuchung bedeutet auch bei unauffälligem Untersuchungsergebnis keine Garantie, ein gesundes Kind zur Welt zu bringen.

47. Wie hoch ist das Risiko, dass mein Kind einen Chromosomenschaden hat?

Mit zunehmendem Alter der Schwangeren steigt das Risiko für eine Chromosomenanomalie des Fötus, die zu einer geistigen und körperlichen Beeinträchtigung des Kindes führen kann. Das bekannteste und häufigste Beispiel ist das Down-Syndrom.

Die folgende Tabelle zeigt die Häufigkeit, mit der bei einer Untersuchung in der 15. Schwangerschaftswoche bei dem Ungeborenen ein Down-Syndrom festgestellt wird:

Alter der Mutter	Häufigkeit von Chromosomenanomalien
30 Jahre	**ca. 0,11%**
35-37 Jahre	**ca. 0,44%**
38-40 Jahre	**ca. 0,99%**
40-44 Jahre	**ca. 1,72%**
Älter als 44 Jahre	**ab 4,5%**

Da bei Frauen ab 35 Jahren das Risiko für Chromosomenschäden und Chromosomenanomalien des Kindes deutlich ansteigt, wird ihnen in der Regel zu einer vorgeburtlichen Untersuchung des Fötus geraten.

Beim ersten Arztbesuch oder spätestens in der genetischen Beratung wird über die Möglichkeiten und Risiken der pränatalen Diagnostik, wie zum Beispiel die Amniozentese oder die Chorionzotten-Biopsie informiert (siehe Seite 63f.). Mit Hilfe dieser Verfahren kann festgestellt werden, ob Erbkrankheiten an den Fötus weitervererbt worden sind oder ob bestimmte Chromosomenanomalien vorliegen.

Ein weiteres Verfahren ist der Triple-Test (siehe Seite 68), der zwar kein Diagnoseverfahren ist, mit dessen Hilfe Sie aber das Risiko bestimmen können, ein Kind mit Chromosomenanomalie zu bekommen.

48. Warum wird nur Müttern ab 34 Jahre zu einer Fruchtwasseruntersuchung (Amniozentese) geraten?

Mit zunehmendem Alter der Mutter (in geringerem Maße auch des Vaters) steigt das Risiko, dass das Kind eine Chromosomenanomalie hat. Die häufigste Chromosomenanomalie ist das Down-Syndrom. Im Alter von 30 Jahren liegt das Risiko, ein Kind mit Down-Syndrom zu bekommen, bei 1:900 (0,11%), im Alter von 35 Jahren zwischen 1:350 (0,29%) und 1:250 (0,40%). Bei Müttern ab 45 Jahren liegt die Wahrscheinlichkeit sogar zwischen 1:25 (4%) und 1:20 (5%).

Ob tatsächlich ein Chromosomenschaden oder eine Chromosomenanomalie vorliegt, kann nur eine konkrete Analyse der kindlichen Zellen, z.B. durch eine Fruchtwasseruntersuchung nach einer Amniozentese (siehe Seite 63), ergeben. Diese in den Körper eingreifende Untersuchungsmethode bringt die Gefahr einer Fehlgeburt mit sich. Daher muss das Risiko einer Fehlgeburt als Folge einer Amniozentese (Fruchtwasseruntersuchung) gegen das Risiko abgewogen werden, dass das Kind einen Chromosomenschaden oder eine Chromosomenanomalie haben kann.

Bei Frauen im Alter von etwa 35 Jahren entspricht das Risiko einer Fehlgeburt durch eine Fruchtwasseruntersuchung etwa dem, ein Kind mit einer Chromosomenanomalie zu bekommen – nämlich etwa 0,4 bis 0,5%. Mit zunehmendem Alter der Frau steigt das Risiko, ein Kind mit einer Chromosomenanomalie oder einem Chromosomenschaden zu bekommen, rapide an. Mit zunehmendem Lebensalter wird also die Wahrscheinlichkeit, mit einem chromosomenkranken Kind schwanger zu sein, relativ größer, als die, in Folge der Untersuchung eine Fehlgeburt zu erleiden.

Daher wird Frauen ab 35 Jahren routinemäßig eine Fruchtwasseruntersuchung angeraten.

49. Soll ich eine Fruchtwasseruntersuchung machen lassen?

Ob Sie eine Fruchtwasseruntersuchung machen lassen, ist ganz und gar Ihre Entscheidung, die Sie in Ruhe und mit Ihrem Partner durchdenken sollten.

Gute Gründe für eine Fruchtwasseruntersuchung:

- Ich möchte in jedem Fall frühzeitig wissen, ob ich ein Kind mit einer Chromosomenanomalie wie Trisomie 21 (Down-Syndrom) erwarte.
- Ich weiß, dass ich bei einem eindeutigen Ergebnis einen Schwangerschaftsabbruch vornehmen lassen werde.
- Auch wenn ich keinen Schwangerschaftsabbruch machen lasse, möchte ich wissen, ob mein Kind einen Chromosomendefekt hat. Dann kann ich ggf. den Ort der Entbindung danach auswählen (Kinder mit einem Down-Syndrom haben nach der Geburt häufiger Anpassungsschwierigkeiten – die Nähe zu einer Kinderklinik ist für die Entbindung hier besonders sinnvoll).

Gute Gründe gegen eine Fruchtwasseruntersuchung:

- Ich bin sicher, dass ich keinen Schwangerschaftsabbruch machen lassen möchte. Ich werde das Kind in jedem Fall bekommen.
- Ich möchte das Risiko einer Fehlgeburt auf keinen Fall eingehen.
- Ich möchte meine Schwangerschaft nicht durch dieses Untersuchungsergebnis belasten.
- Der Befund »Chromosomal unauffällig« lässt keine Aussage über die Gesundheit einer Person zu – er kann lediglich die Aussage liefern, ob ein Kind z.B. kein Down-Syndrom hat.

50. Was ist ein Triple-Test?

Beim Triple-Test (»Triple« bedeutet »dreifach«) werden drei Stoffe aus dem Blut der Schwangeren bestimmt. Es handelt sich dabei um zwei Hormone (Östriol und hCG) und einen Eiweißstoff (alpha-Fetoprotein - AFP). Diese Werte setzt der Arzt mit dem Alter der Mutter und ihrer gesundheitlichen Vorgeschichte in eine rechnerische Beziehung. Das Ergebnis gibt rein statistisch an, ob im konkreten untersuchten Fall ein höheres oder niedrigeres Risiko als das einer durchschnittlichen Schwangeren im Alter von 35 Jahren besteht, ein Kind mit einem Chromosomenschaden zu bekommen.
Zwischen der 14. und 20. Schwangerschaftswoche (am besten am ersten Tag der 16. Woche = w15 + t1) wird eine Blutanalyse der Schwangeren vorgenommen. Die drei Substanzen, die untersucht werden, haben bei allen Schwangeren eine charakteristische Verlaufskurve. Bei Kindern mit Trisomie 21 verläuft diese Kurve etwas verzögert.

Ausgewertet wird beim Triple-Test demzufolge das Phänomen einer Entwicklungsverzögerung, wie sie typisch für Trisomie-21-Kinder ist. So hat ein Kind mit einem Down-Syndrom z. B. typischerweise in der 17. Woche die Werte, die Kinder ohne ein Down-Syndrom in der 15./16. Woche aufweisen.

51. Was bedeutet das Ergebnis eines Triple-Tests?

Das Ergebnis des Triple-Tests ist eine rechnerisch ermittelte Wahrscheinlichkeitsaussage über die Möglichkeit, ein Kind mit Morbus-Down-Syndrom (Trisomie 21) oder einem Neuralrohrdefekt zu bekommen.

Der Wert, der nach einer Triple-Test-Blutuntersuchung errechnet wird, sagt also etwas über den Vergleich mit entsprechenden Durchschnittswerten aus. Er sagt aber nichts darüber, ob Ihr Baby tatsächlich eine Chromosomenanomalie oder einen offenen Rücken hat.

Darüber hinaus ist die statistische Wahrscheinlichkeitsaussage im Falle des Triple-Tests häufig falsch. Die Genauigkeit des Testergebnisses ist vom Zeitpunkt abhängig, an dem der Test durchgeführt wird – hierbei spielen schon Abweichungen von wenigen Tagen vom optimalen Testzeitraum (w15+t1) (siehe Seite 68) eine große Rolle. Irrt sich der Frauenarzt im Schwangerschaftsalter, und die Schwangerschaft ist tatsächlich jünger oder älter, kann das Ergebnis des Triple-Tests positiv ausfallen, obwohl es, wenn es mit den richtigen Werten gerechnet wäre, negativ wäre.

Ein weiteres Problem besteht darin, dass die einzelnen Werte bei verschiedenen Schwangeren eine sehr große Streubreite aufweisen. Somit werden viele Eltern durch einen auffälligen Triple-Test der falsch positiv ausfällt, sehr belastet und zu weiteren invasiven diagnostischen Untersuchungen gedrängt. Diese aber gehen mit einem gewissen Fehlgeburtenrisiko einher (siehe Seite 64).

Von 1.000 Tests gelten 50, also immerhin 5%, als auffällig. Werden diese 50 Fälle weiter untersucht, finden sich nur bei zwei Föten tatsächlich Auffälligkeiten.

Andererseits werden auch viele Patientinnen beruhigt, nämlich jene, bei denen der Test ohne Befund ist. Leider gibt es auch hier falsche Ergebnisse, in diesem Fall falsch negative, wenn auch selten.

Wann ist ein Test auffällig? Als auffällig wird ein Testergebnis dann bezeichnet, wenn das errechnete Risiko in etwa so hoch ist wie bei einer 35-Jährigen, nämlich bei 1:380 (oder höher 1:200 oder 1:100). Dann wird der Patientin nach allgemeiner Übereinkunft eine weiterführende Diagnostik (z.B. Amniozentese) angeboten.

Kosten: Seit dem 1. Oktober 1998 werden die Kosten (zwischen 40 und 60 Euro) für die Durchführung des Triple-Tests nicht mehr von der gesetzlichen Krankenversicherung übernommen und müssen von den werdenden Eltern selbst getragen werden.

52. Darf ich meine Katze während der Schwangerschaft behalten?

Falls Sie schon einmal Toxoplasmose hatten, können Sie Ihre Katze behalten und es besteht kaum ein Risiko einer Neuinfektion.

Falls sich herausstellt, dass Sie noch keine Toxoplasmose hatten, sollten Sie weitere Vorsorgemaßnahmen ergreifen:

- Sie können Ihre Katze testen lassen (macht der Tierarzt).
- Wenn es geht, lassen Sie Ihren Partner das Katzenklo säubern. Falls Sie dies aber selbst tun müssen, dann tragen Sie beim Reinigen des Katzenklos Handschuhe und waschen Sie sich anschließend die Hände.
- Halten Sie das Katzenklo so sauber wie möglich.
- Stellen Sie das Katzenklo möglichst weitab der Wohnräume auf.
- Halten Sie das Katzenklo etwas feucht, da getrockneter Kot als Staub in die Luft geraten kann.
- Füttern Sie Ihrer Katze kein rohes Fleisch.
- Schmusen Sie nicht mit der Katze.
- Lassen Sie die Katze während des Essens nicht auf den Tisch.

53. Was ist Toxoplasmose?

Toxoplasmose ist eine Infektionskrankheit, die durch den Parasiten Toxoplasma gondii verursacht wird. Hauptwirt dieses Parasiten ist die Katze. Infizierte Katzen scheiden Eier dieses Erregers mit dem Kot aus. Diese können durch Wind oder Staub verteilt und von Menschen oder Schlachttieren aufgenommen werden. Ob die Katze Überträger des Parasiten ist, kann der Tierarzt feststellen.

Die Übertragung von Toxoplasmose erfolgt hauptsächlich durch den Verzehr von rohem Fleisch infizierter Tiere, seltener durch Katzen.

Die Toxoplasmose ist eine häufige, über die ganze Welt verbreitete Infektion. Bei normalerweise gesunden Menschen ist die Toxoplasmoseinfektion in der Regel nicht von einer Grippe zu unterscheiden. Ungefähr 40% aller schwangeren Frauen hatten bereits (meist unbemerkt) Toxoplasmose und haben zu Beginn ihrer Schwangerschaft Antikörper gegen Toxoplasmose im Blut. Diese Frauen sind immun, und es ist unwahrscheinlich, dass sie sich erneut anstecken und dass der Fötus infiziert wird.

In den meisten Fällen verläuft die Toxoplasmose-Infektion ohne Symptome und von den Frauen unbemerkt. Ein einfacher Bluttest, am besten vor oder auch früh in der Schwangerschaft, kann feststellen, ob Antikörper gegen Toxoplasmose im Blut vorhanden sind.

Für gesunde Menschen ist Toxoplasmose im Allgemeinen eine harmlose und folgenlos ausheilende Erkrankung. In der Schwangerschaft hat Toxoplasmose eine andere Bedeutung, weil die Toxoplasmose bei Frauen, die sich während der Schwangerschaft anstecken, in gewissen Fällen zu einer Schädigung des Fötus führen kann. Etwa 0,2% aller Schwangeren infizieren sich während der Schwangerschaft erstmalig.

54. Wie kann ich mich gegen Toxoplasmose schützen?

Die Toxoplasmose-Infektion des Menschen erfolgt durch das Essen, Schlucken oder Einatmen von Oocysten (das sind besondere Verbreitungszellen des Toxoplasmoseerregers) oder durch rohes oder halbrohes Fleisch, das Gewebszysten enthält. Die Übertragung erfolgt hauptsächlich durch den Verzehr von rohem Fleisch infizierter Tiere, seltener kommt die Übertragung durch eine Katze vor.

Toxoplasmose können Sie nur bekommen, wenn Sie rohes Fleisch essen oder die Eier dieses Erregers, die durch Wind oder Staub verteilt werden, einatmen.

Falls Sie gegen Toxoplasmose immun sind, werden Sie sich wahrscheinlich nicht mehr infizieren.

Falls Sie nicht gegen Toxoplasmose immun sind, können Sie sich gegen eine Ansteckung schützen, indem Sie folgende Dinge beachten:

- Waschen Sie Ihre Hände regelmäßig.
- Essen Sie kein rohes Fleisch (Mett!).
- Essen Sie nur Wurst, die gut geräuchert ist, und Fleisch, welches gut gekocht bzw. gebraten wurde (und wenn Sie nicht wissen, ob z.B. die Salami gut geräuchert worden ist, verzichten Sie während der Schwangerschaft lieber darauf).
- Waschen Sie Salate und rohes Gemüse besonders gut.
- Durch die gewerbemäßige Fleischverarbeitung mit Pökeln, Räuchern oder Kochen werden die Parasiten abgetötet.
- Nur durch Erhitzen über 66° C oder Einfrieren unter -20° C werden die Gewebszysten abgetötet.

55. Bin ich gegen Toxoplasmose immun?

Frauen, die einmal eine Toxoplasmoseinfektion hatten, haben Antikörper im Blut und sind normalerweise gegen eine Ansteckung immun – es besteht kaum Gefahr für den Fötus.
Frauen ohne Antikörper können sich während der Schwangerschaft erstmalig infizieren. Wenn eine Frau während der Schwangerschaft mit Toxoplasmose infiziert wird, kann der Erreger durch die Plazenta den Fötus infizieren und schädigen.

Ein einfacher Bluttest, am besten vor der Schwangerschaft, kann feststellen, ob bereits Antikörper gegen Toxoplasmose im Blut vorhanden sind.

56. Wie viel Alkohol darf ich in der Schwangerschaft trinken?

Am besten ist es, bereits wenn ein Kind gewünscht wird und in der Schwangerschaft keinen Alkohol zu trinken. Wenn Sie während der Schwangerschaft Alkohol trinken, können Sie Ihrem Baby schaden. Es gibt nachweislich einen direkten Zusammenhang zwischen der Alkoholmenge, der Häufigkeit des Alkoholkonsums und dem Schädigungsgrad des Kindes.

Das Vollbild der so genannten Alkoholembryopathie wird bei Kindern von Alkoholikerinnen beschrieben. Es handelt sich dabei um deutlich sicht- und messbare Entwicklungsstörungen des Kindes, die es ein Leben lang behält. Die Menge und die Dauer des Alkoholkonsums spielen hier eine entscheidende Rolle. Besonders negativ wirken sich ganz offensichtlich regelmäßiges Trinken und der Konsum hochprozentiger Getränke aus, aber es gilt auch als unzweifelhaft, dass der regelmäßige Genuss von schon zwei Gläsern Bier oder einem Viertelliter Wein zu einer Reduzierung der kindlichen Intelligenz führen kann. Es gibt keine wissenschaftliche Untersuchung, die einen Grenzwert nennen konnte, unter dem Alkohol während der Schwangerschaft als unbedenklich gilt.

Daher wird Frauen dringend empfohlen, während der Schwangerschaft Alkohol generell zu meiden.

57. Ist eine Pilzinfektion in der Schwangerschaft gefährlich?

Bei Pilzerkrankungen (Mykosen) im Genitalbereich handelt es sich meist um eine Infektion mit Hefepilzen. Hefepilze (Candida) sind auch bei einer gesunden Frau nachweisbar und in der Regel harmlos.

In der Schwangerschaft, bedingt durch den hohen Östrogenspiegel, ändert sich die Scheidenflora. Hierdurch ist die Häufigkeit von Vaginalmykosen erhöht. Bei 20 bis 35% der Schwangeren kann Candida albicans in der Scheide nachgewiesen werden. Pilze können sich unter bestimmten Bedingungen, in der Schwangerschaft, aber auch bei allgemeiner Abwehrschwäche, Diabetes, einer Behandlung mit Kortison oder Antibiotika so stark vermehren, dass sie Krankheitserscheinungen hervorrufen.

In der Regel können Medikamente gegen eine Pilzinfektion auch während der Schwangerschaft angewendet werden – aber bitte nur in Absprache mit dem behandelnden Arzt!

Versuchen Sie, Infektionen mit Candida albicans vor der Geburt zu behandeln, sonst kann sich das Kind während der Geburt über den Geburtskanal mit Scheidenpilzen infizieren. Kinder, die durch einen mit Hefepilzen infizierten Geburtskanal zur Welt kommen, werden während der Geburt von der Mutter fast immer angesteckt. Hefepilze könnten dann in Form von Mundsoor oder Windeldermatitis zu Tage treten. Sie lassen sich bei den Kindern gut behandeln.

58. Kann durch eine Pilzinfektion eine Frühgeburt ausgelöst werden?

Frauen mit vaginaler Pilzinfektion haben im Allgemeinen wegen der Pilzinfektion kein höheres Risiko für eine Frühgeburt. Auch ist die Fehlbildungsrate von Kindern, deren Mütter eine vaginale Pilzinfektion haben, nicht erhöht.

59. Was kann ich gegen immer wiederkehrende Pilzinfektionen tun?

Folgende Maßnahmen können, neben der mit dem Arzt abgesprochenen medikamentösen Therapie, eine wiederkehrende Pilzinfektion verhindern:

- Lassen Sie sich ggf. auf Diabetes untersuchen. Diabetikerinnen leiden häufiger an Pilzerkrankungen.
- Verwenden Sie keine Intimsprays und alkalische Seifen.
- Tragen Sie keine synthetische Unterwäsche, Strumpfhosen und enge Hosen.
- Benutzen Sie außerhalb der Regel keine Binden.
- Verwenden Sie keine Binden mit Plastikfolie.
- Essen Sie wenig Zucker.
- Joghurt kann sich positiv auf die Scheidenflora auswirken. Bringen Sie mit einem kleinen Löffel einen Klecks Joghurt in die Scheide oder führen Sie einen Klecks Joghurt mit einem Tampon ein.
- Ein weiteres Rezept, um die Scheidenflora gegen Pilze zu stärken, ist Knoblauch. Nähen Sie eine Knoblauchzehe in ein Säckchen ein und ein langes Fädchen an das Säckchen. Führen Sie das Säckchen für einige Stunden in die Scheide ein. Die Knoblauch-Methode kann in der Schwangerschaft wegen der erhöhten Empfindlichkeit der Schleimhäute unangenehm sein – verzichten Sie dann darauf.

60. Was ist Listeriose?

Joseph Baron Lister (1827-1912), ein britischer Chirurg, der die Antiseptika in die Chirurgie einführte, ist Namensgeber für sowohl die Erkrankung als auch die Erreger der »Listeriose«.

Die Krankheit Listeriose verläuft normalerweise wie ein fieberhafter grippaler Infekt. Bei Schwangeren können die Bakterien jedoch das Kind befallen und eine Fehlgeburt, Totgeburt oder schwere Erkrankungen des Neugeborenen verursachen.

Der Erreger Listeria monocytogenes, ein grampositives Stäbchenbakterium, ist weltweit verbreitet. Er kann sowohl im Boden, auf Gemüse und Salat, als auch bei Menschen, bei Rindern, Schafen, Ziegen, Schweinen, Geflügel, Kaninchen und Nagetieren vorkommen. In der Lebensmittelproduktion findet man Listerien auf der Oberfläche von Arbeitsflächen, Maschinen und Geräten.

Eine Ansteckung im letzten Schwangerschaftsdrittel erhöht die Gefahr einer Ansteckung des Fötus. Neugeborene mit Listeriose sind nach der Entbindung apathisch und trinkfaul und zeigen häufig einen über den ganzen Körper verteilten Ausschlag. Es können Krampfanfälle auftreten. Die schwerste Verlaufsform stellt die septische Neugeborenen-Granulomatose dar.

Schwangere stecken sich 20-mal häufiger mit Listeriose an als andere gesunde Menschen. Etwa ein Drittel der Listeriose-Erkrankungen ereignet sich während der Schwangerschaft.

61. Wie kann ich mich vor Listeriose schützen?

Sie können sich nicht 100%ig vor Listeriose schützen, aber durch einige Verhaltensweisen das Risiko senken, sich anzustecken.

Die Listeriose-Keime sind unter anderem in Rohmilch und daraus hergestellten Produkten, an natürlich gedüngtem Gemüse und Salat gefunden worden. Um das Listeriose-Risiko zu verringern, sollten Menschen mit erhöhtem Listeriose-Risiko (u.a. schwangere Frauen) folgende Tipps beachten: (diese Regeln gelten grundsätzlich zur Verhinderung von Lebensmittelinfektionen aller Art):

- Waschen Sie sich die Hände, Geschirr und Geräte, die mit rohen Lebensmitteln in Berührung gekommen sind.
- Reinigen Sie regelmäßig Ihren Kühlschrank.
- Achten Sie darauf, dass es in Ihrem Kühlschrank immer kälter ist als 4° C.
- Waschen Sie rohes Gemüse gründlich, bevor Sie es essen.
- Kochen oder braten Sie rohe Lebensmittel immer ganz durch.
- Halten Sie bei der Zubereitung rohes Fleisch strikt fern von Gemüse und von gekochtem Essen und essfertigen Lebensmitteln.

- Vermeiden Sie Rohmilch und Rohmilchprodukte, also Produkte, die aus roher (unpasteurisierter) Milch hergestellt wurden.
- Essen Sie keinen Räucherlachs (nach Untersuchungen der Stiftung Warentest im Januar 2002 sind auch im Räucherlachs Listeriose-Keime gefunden worden).
- Verbrauchen Sie vorgekochte bzw. halbfertige Lebensmittel so schnell wie möglich.

62. Werden Listerien, die Verursacher der Listeriose, durch Erhitzen abgetötet?

Ja. Listerien werden durch Erhitzen und Pasteurisieren abgetötet. Fleisch, welches auf mindestens 70° C erhitzt, und Käse, der aus pasteurisierter Milch hergestellt wurde, enthalten in der Regel keine Listerien.

63. Darf ich in der Schwangerschaft Rohmilchkäse essen?

Rohmilchkäse »kann« Überträger einer Erkrankung sein, die Listeriose heißt. Listeriose ist eine seltene Infektionskrankheit, die für gesunde Erwachsene unbedenklich ist und für Kleinkinder, Schwangere, ältere und immungeschwächte Menschen lebensgefährlich werden kann.

Wenn Sie das Risiko, sich an Listeriose anzustecken, mindern möchten, ist es ratsam, während der Schwangerschaft auf den Genuss von Rohmilchprodukten zu verzichten.

64. Was ist Rohmilchkäse?

Rohmilchkäse ist Käse, der aus unbehandelter Milch von Kühen, Schafen oder Ziegen hergestellt wurde. Gleich nach dem Melken werden Milchsäurebakterien und gegebenenfalls Schimmelpilzkulturen in die frische Milch eingerührt und anschließend reines Labextrakt zugegeben, damit die Milch gerinnt.

Milch für Rohmilchkäse darf höchstens auf 40° C erwärmt werden. Während beim herkömmlichen Käse durch das starke Erhitzen (Pasteurisieren) der Milch etwa 99% der natürlichen Bakterien, unter anderem auch Listerien (siehe Seite 77) abgetötet werden, bleiben die Keime in der Rohmilch erhalten. Dies gibt dem Käse später ein vollmundigeres Aroma.

Der Verzehr von Rohmilchkäse ist nicht generell gefährlich. Allerdings gibt es hier gewisse Unterschiede.

Der Verzehr eines lang gereiften, harten Rohmilchkäses, nach dem Typ Edamer oder Emmentaler, ist wesentlich weniger bedenklich als der eines frischen Rohmilchkäses, der aus dem Quark direkt gewonnen wird. Frische Weichkäse können eher gesundheitsgefährdende Keime enthalten als Hartkäse, die monatelang lagern.

Es gibt viele verschiedene Käse, die sowohl aus pasteurisierter Milch als auch aus Rohmilch sein können. Lesen Sie auf der Verpackung nach oder fragen Sie an der Theke, wie der Käse produziert wurde.

Käse wie Emmentaler, Gouda, Camembert, Brie, Schafkäse, Sauermilchkäse (Quargel, Korbkäse, Handkäse), Ziegenweichkäse, Feta, Blauschimmelkäse wie Roquefort sind oft aus Rohmilch hergestellt.

65. Wie hoch ist das Risiko, an Listeriose zu erkranken?

Jährlich erkranken in den USA etwa 2.500 Personen an Listeriose. Etwa 20% von ihnen sterben an der Erkrankung.

Auch wenn Sie Lebensmittel gegessen haben, die nachweislich mit dem Erreger infiziert sind, ist die Gefahr, sich an Listeriose anzustecken, relativ gering. Das CDC (Center of Disease Control and Prevention in den USA) empfiehlt in einem solchen Fall nur dann eine Untersuchung, wenn Sie auch die typischen Symptome bemerken.

66. Wie kann ich feststellen, ob ich Listeriose habe?

Die Untersuchung auf eine Listeriose gehört nicht zur normalen Vorsorgeuntersuchung in der Schwangerschaft (wie z.B. der Rötelntest). Falls Sie Symptome haben wie Fieber oder Nackensteifheit, sollten Sie Ihren Arzt konsultieren. Dieser kann eine Blutuntersuchung vornehmen, um nachzuschauen, ob Sie infiziert sind.

67. Darf ich in der Schwangerschaft Mettwurst essen?

Durch den Verzehr von Mettwurst könnten Sie sich (falls Sie sie nicht schon hatten) mit Toxoplasmose (siehe Seite 71) anstecken.

Die Toxoplasmose-Übertragung erfolgt hauptsächlich durch den Verzehr von rohem Fleisch infizierter Tiere. Die häufigste Infektionsquelle liegt im Genuss von

ungenügend erhitztem Fleisch. Die Empfehlung für Schwangere lautet daher, auf nicht genügend gegartes Fleisch zu verzichten

Die Zysten, die die Toxoplasmose übertragen, bleiben im Fleisch bei einer Lagertemperatur von +4° C (Kühlschrank) bis zu etwa drei Wochen lang lebensfähig. Beim Kochen und Braten werden alle Zysten abgetötet. Es kann davon ausgegangen werden, dass es auch bei der Herstellung von Rohwurstwaren (z.B. Mettwurst, Landjäger) durch das Verfahren der Pökelung zum Abtöten der Zysten kommt. Dies ist allerdings wissenschaftlich nicht abgesichert, weshalb eine schwangere, bisher noch nicht infizierte Frau den Verzehr dieser Produkte vorsichtshalber meiden sollte.

68. Was darf ich in der Schwangerschaft nicht essen?

Sie dürfen auch während der Schwangerschaft alles essen – es gibt aber einige Dinge, die in der Schwangerschaft für Sie oder Ihr Baby gewisse Risiken mitbringen (Stichworte: Listeriose- und Toxoplasmose-Infektion und Leber).

Wie Sie das Risiko mindern können, an Listeriose und Toxoplasmose zu erkranken, lesen Sie bitte auf den Seiten 70ff.

Wegen geänderter Tierfütterung wurden in letzter Zeit hohe Vitamin-A-Gehalte in Leber festgestellt. Eine Portion Leber enthält deshalb die fünf- bis sechzehnfache der für Schwangere tolerierbaren Menge Vitamin A. Vor allem in der Frühschwangerschaft sind durch häufige große Vitamin-A-Mengen Schädigungen des Kindes möglich. Aus diesem Grund sollten Sie vorsichtshalber auf den Genuss von Leber während der Schwangerschaft verzichten, um die Gefahr von Missbildungen des Kindes sicher auszuschließen.

69. Darf ich während der Schwangerschaft baden?

Baden während der Schwangerschaft ist unbedenklich. Achten Sie aber darauf, nicht zu lange heiß zu baden. Ähnlich wie beim Saunagang sollte die Körpertemperatur bei einem Wannenbad nicht ansteigen.

70. Darf ich auf dem Rücken schlafen?

Bei fortgeschrittener Schwangerschaft kann es vorkommen, dass die Gebärmutter in Rückenlage auf die untere Hohlvene und die Beckenvenen drückt. Dies nennt man das Vena-Cava-Kompressionssyndrom. So kann der Blutrückstrom zum Herzen vermindert werden. Dieses Phänomen kann sich durch eine Pulserhöhung, schnelleren Atem, Schwindel oder Übelkeit bemerkbar machen. Falls Sie dies spüren, legen Sie sich auf die linke Seite – so wird die Vene entlastet und der Kreislauf stabilisiert sich wieder.

Frauen, die mit diesem Syndrom zu tun haben, legen sich meist von selbst ungern auf den Rücken, sondern schlafen lieber in Seitenlage. Vertrauen Sie hier auf Ihre Intuition und schlafen Sie so, wie Sie sich wohl fühlen und keine Beschwerden haben.

71. Darf ich mich während der Schwangerschaft impfen lassen?

Impfungen während der Schwangerschaft sollten generell, wie jegliche Medikamenteneinnahme, mit dem behandelnden Arzt besprochen werden. Einige Impfungen sind während der Schwangerschaft erlaubt, andere können fruchtschädigend sein. Sie müssen bei Ihrer Entscheidung immer die Risiken abwägen, an einer Krankheit zu erkranken und sich selbst und den Fötus zu schädigen oder möglicherweise mit einer Impfung die Entwicklung des Fötus zu gefährden.

Reiseimpfungen: Bei Reisen in akute Infektionsgebiete müssen Sie das Impf- gegen das Erkrankungsrisiko abwägen. Meist ist es sinnvoller, während der Schwangerschaft auf Reisen in Länder zu verzichten, in denen besondere Impfungen vorgeschrieben sind, wenn die Impfung dem Fötus schaden könnte.

Lebendimpfung: Eine Impfung mit lebenden Viren (z.B. gegen Masern, Mumps und Röteln) wird während der Schwangerschaft generell nicht empfohlen.

Nichtschwangeren Frauen, die im gebärfähigen Alter mit einem Lebendimpfstoff geimpft wurden, wird in der Regel empfohlen, in den nachfolgenden drei Monaten nicht schwanger zu werden (eine Ausnahme ist die Rötelnimpfung, bei der Studien zur Folge hatten, dass die Wartezeit auf 28 Tage reduziert worden ist).

Impfungen, die in der Schwangerschaft vermieden werden sollten:

- Cholera-Impfung (Lebendimpfung)
- Diphtherie-Impfung (Toxoidimpfstoff)
- Japan-B-Encephalitis-Impfung (Totimpfstoff)
- Malaria (umstritten)
  Eine Malariaprophylaxe als Chemoprophylaxe mit Mefloquin wird in der Schwangerschaft wegen möglicher Fruchtschäden nicht angeraten.
- Masern-Mumps-Röteln-Kombinationsimpfstoff
  ist eine Lebendvirusvaccine und darf schwangeren Frauen nicht verabreicht werden. Nach der Impfung von Frauen im gebärfähigen Alter sollte 28 Tage (entsprechend einer amerikanischen Studie von 2001) nach der Impfung keine Schwangerschaft eintreten. Eine versehentliche Impfung in der Schwangerschaft ist keine Indikation zum Schwangerschaftsabbruch.
- Meningitis (Totimpfstoff)
- Pneumokokken-Impfung
  Sollte bei Schwangeren nur bei zwingender Indikation wie z.B. Asplenie oder Langzeitimmunsuppression bei Organtransplantation gegeben werden, da die Auswirkungen der Impfung während der Schwangerschaft nicht genügend geklärt sind.
- Röteln-Impfung
  Die Impfung besteht aus abgeschwächten Rötelnviren und sollte kurz vor oder in der Schwangerschaft nicht verabreicht werden.

Eine Schwangerschaft sollte über einen Zeitraum von 28 Tagen nach der Impfung vermieden werden. Nach sorgfältiger Überprüfung ist heute gesichert (entsprechend einer amerikanischen Studie von 2001), dass die Rötelnimpfung weder Mutter noch Kind schädigt. Ein Schwangerschaftsabbruch ist also wegen einer versehentlichen Rötelnimpfung in der Schwangerschaft nicht mehr indiziert. In diesem Fall ist allerdings eine genaue Ultraschallkontrolle des Fötus angezeigt.

- Tollwut (präexpositionell) (umstritten)
- Tuberkuloseimpfung
  Soll in der Schwangerschaft nicht angewandt werden.
- Typhus (Lebend- und Totimpfung)
- Varicellen-Impfung
  Der Impfstoff enthält ein abgeschwächtes Lebendvirus, so dass die Anwendung in der Schwangerschaft kontraindiziert ist. Bei Frauen im gebärfähigen Alter soll innerhalb der nächsten drei Monate nach der Impfung eine Schwangerschaft ausgeschlossen werden. Eine versehentliche Impfung in der Schwangerschaft ist keine Indikation für einen Schwangerschaftsabbruch.

Impfungen, die in der Schwangerschaft umstritten bzw. erlaubt sind:

- Cholera und Gelbfieber
  Gegen Cholera (Totimpfstoff) und Gelbfieber (Lebendimpfstoff) kann unter Umständen geimpft werden – Schäden wurden bislang nicht beobachtet.
- Frühsommerzeckenenzephalitis- (FSME-) Impfung
  Besteht aus inaktivierten FSME-Viren. Die Impfung kann bei Reisen in Endemiegebiete möglichst ab dem zweiten Trimenon auch in der Schwangerschaft verabreicht werden, ohne dass ein Risiko für die Frucht damit verbunden zu sein scheint. Ist eine FSME-Impfung zu Beginn der Schwangerschaft (als diese noch unbemerkt war) verabreicht worden, so ist daher mit keiner Schädigung von Mutter und Kind zu rechnen.
- Hepatitis-A-Impfung (umstritten)
  Da es sich dabei um einen inaktivierten Impfstoff handelt, gilt er in der Schwangerschaft als ungefährlich. Hepatitis-A-Infektionen zählen zu den auf Reisen häufig »eingefangenen« Erkrankungen

und tragen ein hohes Frühgeburtsrisiko sowie das Risiko einer schweren mütterlichen Erkrankung mit sich.

- Hepatitis-B-Impfstoff (muss abgewägt werden)
  Prinzipiell wird zwar eine Impfung in der Schwangerschaft nicht empfohlen, jedoch ist bei akuter Infektionsgefahr eine Impfung von Schwangeren auch möglich. Da es sich jedoch um einen inaktivierten Impfstoff handelt, ist bei Impfungen in der Schwangerschaft keine Schädigung der Frucht oder des Fötus zu erwarten.
- Hepatitis-A- und Hepatitis-B-Kombinationsimpfstoff (umstritten)
  Da beide Impfstoffe inaktiviert sind, ist keine Schädigung des Fötus zu erwarten. Trotzdem sollte die Anwendung während der Schwangerschaft nur bei Vorliegen eines eindeutigen Risikos für eine Infektion erfolgen.
- Malaria (umstritten)
  Eine Malariaprophylaxe als Chemoprophylaxe mit Mefloquin wird in der Schwangerschaft wegen möglicher Fruchtschäden nicht angeraten.
  Hingegen ist eine Prophylaxe mit Chloroquin und/oder Paludrine in der Schwangerschaft möglich.
  Malaria in der Schwangerschaft stellt in jedem Fall ein Risiko für Mutter und Kind dar. Daher sollten Sie eine Reise in Malariagebiete nach Möglichkeit zu dieser Zeit vermeiden. Soll die Reise trotzdem durchgeführt werden, muss zusätzlich eine konsequente Prophylaxe gegen Mückenstiche erfolgen (lange Hosen und langärmelige Blusen und Hemden).
- Poliomyelitis-Impfung
  Der orale Impfstoff (den man schluckt) sollte an schwangere Frauen nicht verabreicht werden, außer bei Reisen in Gebiete mit erhöhtem Infektionsrisiko (Südamerika, Südostasien, Zentralafrika). Die Impfung kann in seltenen Fällen zu Durchfällen mit Fieberanstieg führen. Es gibt aber einen anderen Impfstoff, den Totimpfstoff nach Salk, der parenteral (als Spritze) verabreicht wird und ohne Risiko für die Schwangerschaft verwendet werden kann.

- Tetanus-Impfung
  Wundstarrkrampfimpfungen werden von Schwangeren zu jedem Zeitpunkt der Schwangerschaft grundsätzlich gut vertragen. Eine Schädigung des Embryos oder Fötus durch die Tetanusimpfung ist nicht zu erwarten.
- Tollwut-Impfung (umstritten)
  Die Parenteralimpfung wird sowohl zur Vorbeugung als auch nach einer möglichen Infektion durch ein tollwutkrankes Tier

eingesetzt. Da die Erkrankung an Tollwut ausnahmslos tödlich verläuft, gibt es für die Tollwut keine Gegenindikation, nicht einmal in der Schwangerschaft. Da bisher keine Schädigungen durch die Impfung während der Schwangerschaft für Mutter und Kind beobachtet wurden, kann auch eine vorsorgliche Tollwutimpfung angezeigt sein.

72. Darf ich bei einer Zahnbehandlung während der Schwangerschaft eine Betäubungsspritze bekommen?

Im Prinzip ja. Bitte teilen Sie dem behandelnden Zahnarzt mit, dass Sie schwanger sind. Dann wird er Ihnen ein Mittel verabreichen, welches auch für die Schwangerschaft unbedenklich ist.

73. Darf ich während der Schwangerschaft Medikamente gegen Migräne einnehmen?

Die Migräne selbst stellt keine Bedrohung für die Schwangerschaft, den Fötus oder den Geburtsvorgang dar. Sie ist generell schwierig zu behandeln. Während der Schwangerschaft muss zusätzlich eine mögliche Gefährdung des Fötus bei der Medikation berücksichtigt werden.

Therapie der Migräne in der Schwangerschaft

Üblicherweise können eine sachliche ärztliche Aufklärung in Kombination mit nicht-medikamentösen Maßnahmen (Schlafen, Akupunktur, Massage, Biofeedback, Eis) eine ausreichende Behandlung der Migräneattacke bewirken.

Medikamente

Medikamente sollten nur die Frauen einnehmen, die auch noch im vierten Monat unter häufigen und schweren Attacken mit Erbrechen und Dehydration leiden.

- **Prochlorperacin** und **Metoclopramid** gelten als wahrscheinlich unbedenklich für das Ungeborene im zweiten und dritten Trimenon. Der Einsatz von Prophylaktika sollte auf Metoprolol und Propranolol beschränkt bleiben.
- **Paracetamol** als Zäpfchen (1.000 mg) empfiehlt sich als Mittel der ersten Wahl bei einem Migräneanfall. Hinsichtlich der Akut-Migränebehandlung ist Paracetamol die einzige Substanz, die zum jetzigen Zeitpunkt als sicher angesehen werden kann, sowohl während der Schwangerschaft als auch während der Stillphase. Teratogene (fruchtschädigende) Effekte sind nicht bekannt.
- **Acetylsalicylsäure (ASS)** in einer Dosierung von 500 bis 1.000 Milligramm ist weltweit die am häufigsten eingesetzte Substanz zur Behandlung der Migräne oder anderer Kopfschmerzen. ASS hat keine teratogenen Effekte, kann aber die Blutungsneigung bei Mutter und Kind verstärken. Darüber hinaus wird durch ASS eine Verlängerung der Schwangerschaft und des Geburtsvorganges bewirkt. Dementsprechend sollte ASS nicht im letzten Drittel der Schwangerschaft eingesetzt werden. Der gelegentliche Gebrauch ist nicht mit schwerwiegenden Nebenwirkungen verbunden.
- Andere nichtsteroidale Antirheumatika (NSAR) wie **Ibuprofen** (200-400 mg) und **Naproxen** (500 mg) können trotz unzureichender Daten als Alternative angesehen werden. Im Tierversuch fand sich kein Hinweis auf eine Teratogenität. Allerdings ist die häufige Einnahme von NSAR während der Schwangerschaft gekoppelt mit einer Verlängerung von Schwangerschaft und Geburt, einem erhöhten Risiko einer Präeklampsie (Schwangerschaftsvergiftung) bzw. einer verstärkten Blutungsneigung. Die Risiken sind gering, wenn die NSAR nur kurzzeitig eingenommen werden. Wie bei ASS sollte der Gebrauch auf das zweite Schwangerschaftsdrittel limitiert bleiben.
- **Ergotamintartrat** und **Dihyroergotamintartrat** sind absolut kontraindiziert (NICHT empfohlen). Sie können Krämpfe des

Uterus auslösen, was zu Wehen führen kann. Ergotamintartrat wirkt embryotoxisch im Tierversuch, in adäquaten Dosen gibt es allerdings bisher keinen Hinweis auf teratogene (fruchtschädigende) Effekte. Beschrieben ist aber eine erhöhte perinatale Mortalität (Sterblichkeit) und eine Häufung von Kiefer-Gaumenspalten und Extremitätendefekten bei Kindern, deren Mütter diese Medikamente in der Schwangerschaft eingenommen haben.

- **Sumatriptan - Zolmitriptan - Naratriptan** sind die in den letzten Jahren neu entwickelten und eingeführten Medikamente in der Behandlung der akuten Migräneattacke. Es gibt keinen Hinweis darauf, dass die »Triptane« teratogene Effekte haben. Es fehlen allerdings adäquate, gut kontrollierte Studien bei schwangeren Frauen. Wegen unzureichender Daten sollten Triptane während der Schwangerschaft nicht bzw. nur in Absprache mit dem Arzt eingesetzt werden.
- **Antiemetika:** Übelkeit und Brechreiz sind klassische Symptome der Migräne. Während der Migräneattacke werden Substanzen wie **Metoclopramid** und **Domperidon** regelmäßig in der Migräneattackentherapie eingesetzt. Für Metoclopramid gibt es keine Hinweis auf teratogene Effekte. Um auf Nummer sicher zu gehen, ist es sinnvoll, Metoclopramid nicht im ersten Schwangerschaftsdrittel einzusetzen. Für Domperidon liegen keine kontrollierten Studien in der Migräne-Akuttherapie vor. Es zeigt im Tierversuch embryotoxische Effekte, passiert aber in nur geringem Ausmaß die Blut-Hirn-Schranke.

74. Darf ich in der Schwangerschaft Nasentropfen (oder Nasensalbe oder Nasenspray) verwenden?

Akut und den Anweisungen des Beipackzettels entsprechend eingenommen, sind Nasentropfen, -salbe oder -spray für Ihr Kind nicht gefährlich.

Wusste Sie, dass

- Nasentropfen, -salbe oder -spray zu den meistverkauften Medikamenten gehört?
- Nasentropfen, -salbe oder -spray süchtig machen können?
- Nasentropfen, -salbe oder -spray die Nasenschleimhaut zerstören können?
- Nasentropfen, -salbe oder -spray nur maximal drei Mal am Tag und nie länger als 14 Tage eingenommen werden sollen?

Bei zu langer Einnahme kann es zu Folgeschäden kommen:

- Bei Dauergebrauch klingt die Wirkung spätestens nach vier Stunden wieder ab.
- Immer mehr Nasentropfen, -salbe oder -spray werden nötig.
- Bei Dauergebrauch zeigt sich eine gegenteilige Wirkung und die Nase wird gar nicht mehr frei.
- Toxische Rhinopathie = dauerhafte Entzündung der Nasenschleimhaut.
- Stinknase (Ozana) = vollständige Zerstörung der Nasenschleimhaut.

Vorsichtiger und bedachter Umgang mit Nasentropfen

Leichter gesagt als getan? Nehmen Sie die Nasentropfen, -salbe oder -spray länger ein, als auf dem Beipackzettel beschrieben, und haben das Gefühl, ohne dieses Medikament keine Luft zu bekommen, so sind Sie süchtig. Nehmen Sie den Kinderwunsch bzw. Ihre Schwangerschaft zum Anlass, sich wieder zu entwöhnen. Hier einige Möglichkeiten zum Abgewöhnen:

- Kortisonhaltige Präparate für den Übergang: In der Übergangsphase kann unter Umständen auf kortisonhaltige Nasensprays zurückgegriffen werden. Auch diese führen zu einem geringen Abschwellen der Schleimhaut, allerdings auf einem anderen Wirkmechanismus beruhend. Da das Spray nur lokal in der Nase wirkt, muss mit keinen Nebenwirkungen des Kortisons auf den übrigen Körper gerechnet werden. Kortisonhaltige Präparate sind verschreibungspflichtig und können nur von einem Arzt verordnet werden.
- Umsteigen auf »physiologische Kochsalzlösung«: Völlig unbedenklich ist die 0,9%ige, physiologische Kochsalzlösung. Sie ist kostengünstig in jeder Apotheke erhältlich. Noch preiswerter lässt

sie sich selbst herstellen: Man nehme einen halben Teelöffel Salz, löse ihn in einem Becher lauwarmen Wasser auf und fülle das Gemisch in eine Pipetten- oder Sprayflasche um. Fertig sind völlig ungefährliche Nasentropfen zum Befeuchten der Schleimhäute.

- Langsames Herunterdosieren: Eine andere Möglichkeit, von der schlechten Angewohnheit wegzukommen: allmähliches Herabsetzen der Dosis der Schnupfenmittel. Wer bisher Präparate für Erwachsene genommen hat, steigt um auf solche für Kinder und schließlich auf Säuglingsdosen. Die können dann mit Kochsalzlösung solange verdünnt werden, bis letztlich nur noch Kochsalzlösung in der Flasche ist.
- Nasenlöcher nacheinander behandeln: Nasentropfen nur noch in ein Nasenloch träufeln. Ist das andere Nasenloch schließlich gesund, setzt man die Präparate ganz ab.

75. Darf ich in der Schwangerschaft fliegen?

Es gibt keine wissenschaftlichen Untersuchungen, die belegen, dass das »normale« Fliegen in der Schwangerschaft für das Baby ein Risiko bedeutet.

Die Dosis an kosmischer Strahlung liegt bei »normalen Urlaubsreisen« zu niedrig, um gesundheitsschädlich zu sein. Problematisch könnte es ab 120.000 km/Jahr werden.

Stewardessen sammeln jährlich, abhängig von ihren Flugstunden, die drei- bis sechsfache Strahlenmenge derjenigen, die für Schwangere als recht unbedenklich gilt. Bei dieser hohen Strahlenmenge vermuten die Mediziner ein erhöhtes Krebsrisiko und drohende Organschäden beim Ungeborenen. Daher darf, laut deutschem Mutterschutzgesetz, eine schwangere Stewardess keinen Dienst mehr in der Luft tun. Der geringere atmosphärische Druck in der Kabine dagegen stellt für die Schwangere kein Problem dar. Dass auch Lärm, Vibration

und Beschleunigung den Fötus nicht beeinträchtigen, zeigen CTG-Untersuchungen in allen Flugphasen.
Falls Sie eine längere Flugreise unternehmen, denken Sie daran, dass Sie genug trinken und sich viel bewegen, um dem allgemeinen Risiko der Thrombose vorzubeugen.

Machen Sie mit Ihren Beinen Gymnastik und gehen Sie immer mal wieder im Flugzeug den Gang auf und ab.

76. Darf ich während der Schwangerschaft Fahrrad fahren?

Die Entscheidung liegt bei Ihnen. Sie sollten aber daran denken, dass ein Unfall nicht nur Ihnen, sondern auch dem Kind schaden kann.

77. Darf ich während der Schwangerschaft die Haare färben oder eine Dauerwelle machen lassen?

Viele Ärzte halten Dauerwellen und das Färben der Haare für ungefährlich, einige Ärzte hingegen raten Schwangeren zur Sicherheit, sich im ersten Schwangerschaftsdrittel mit dem Haarefärben zurückzuhalten.

Allerdings gibt es keine wissenschaftlich anerkannten Untersuchungen darüber, ob Haarefärben oder eine neue Dauerwelle der werdenden Mutter oder dem Embryo schaden.

78. Darf ich während der Schwangerschaft ins Solarium?

Solarium bräunt die Haut, es hebt die Stimmung und soll gut für die Knochen sein. Allerdings ist die Bräunung mit Ultraviolett- (UV) Strahlung von Sonne und Solarium nicht ohne Risiko (unabhängig von einer möglichen Schwangerschaft).

In der »Europäische Norm EN 60335-2-27« sind die besonderen Anforderungen für Hautbehandlungsgeräte festgehalten. Hier wird festgestellt, dass Kinder und

Jugendliche sowie Menschen mit besonders UV-empfindlicher Haut (Hauttyp 1) nicht in ein Solarium gehören. Es wird hier ausdrücklich vermerkt, dass auch schwangere Frauen sich nicht künstlich sonnen sollten.

Diese Warnung ist darauf zurückzuführen, dass die Haut Schwangerer wegen der Hormonumstellung anders pigmentiert und empfindlicher für Sonnenlicht ist. Wenn Sie dies berücksichtigen, die Strahlendosis kennen und die Dauer während der Schwangerschaft entsprechend reduzieren, sind keine Nebenwirkungen bekannt.

79. Ist die Kombination Blutgruppe O und Rhesusfaktor negativ für die Entbindung gefährlich?

Ist eine Mutter mit Rh-negativem Blut mit einem Rh-positiven Baby schwanger, so kann es zu Rhesus-Unverträglichkeiten kommen. Der Organismus der Rh-negativen Frau entwickelt auf das Rh-positive Blut des Kindes Antikörper im Blut. Diese können die fetalen Blutkörperchen angreifen und für das Ungeborene lebensgefährlich werden. Dies ist normalerweise in der ersten Schwangerschaft kein Problem – aber in allen weiteren Schwangerschaften.

Wenn bei der Entbindung, einer Amniozentese oder einer anderen geringfügigen Verletzung die Membran zwischen dem mütterlichen und dem kindlichen Kreislauf verletzt wird und fetales Blut in den mütterlichen Kreislauf gelangt, kann es zur Antikörperbildung gegen Rh-positive Blutkörperchen kommen.

Beim ersten Baby ist die Gefahr gering, da die Mutter wahrscheinlich zum ersten Mal mit Rh-positivem Blut in Kontakt gekommen ist. Zu der Zeit hat sie entweder noch keine oder nur sehr wenige Rhesusantikörper gebildet. Bei einer zweiten Schwangerschaft können diese Antikörper die Blutzellen des Kindes angreifen, wenn es ebenfalls Rh-positiv ist und für dieses Kind lebensgefährlich werden.

Der Bluttest

Daher wird bei allen Schwangeren eine Blutprobe untersucht. Bei Rh-negativen Frauen wird das Blut auf Antikörper untersucht, die sie möglicherweise bereits gegen eine Rh-positive Bluteigenschaft entwickelt haben. Antikörper können im Blut vorkommen, wenn bereits eine Schwangerschaft bestanden hat und dieses Kind einen positiven Rhesus-Faktor hatte, aber auch nach einem Schwangerschaftsabbruch, einer Extrauterinschwangerschaft, Fehlgeburt oder Totgeburt. Die Antikörperbildung kann durch Gabe von Anti-D-Immunglobulin nach der Entbindung oder Fehlgeburt verhindert werden. Dies ist für den Fall einer weiteren Schwangerschaft sinnvoll.

Wenn der erste Test negativ ausfiel, erfolgt in der 24. bis 27. Schwangerschaftswoche eine weitere Kontrolle. Sind wieder keine Antikörper nachweisbar, wird der Mutter vorsorglich Anti-D-Immunglobulin verabreicht. Auf diese Weise soll eine Sensibilisierung durch – möglicherweise in den Kreislauf eingeschwemmte – kindliche Blutzellen verhindert werden. Ebenso wird während jeder Schwangerschaft, bei Amniozentesen, Chorionzotten-Biopsie, aber auch bei Blutungen in der Frühschwangerschaft, immer nach dem zweiten Antikörpersuchtest und nach der Geburt (wenn die kindliche Blutgruppe aus dem Nabelschnurblut bestimmt wurde und wenn das Kind Rh-positiv ist) verfahren.

Fragen zur Geburt

80. Woran erkenne ich, dass es mit der Geburt bald losgeht?

Meist erkennen Sie an der Häufigkeit der Wehen, wenn der Zeitpunkt der Entbindung nicht mehr lange auf sich warten lässt. Wenn die Wehen regelmäßig in einem Abstand von fünf Minuten oder häufiger auftreten, ist es Zeit, ins Krankenhaus zu gehen oder die Hebamme zu rufen.

Spätestens wenn die Fruchtblase platzt, sollten Sie sich ins Krankenhaus begeben oder die Hebamme rufen. Je länger es nach dem Platzen der Fruchtblase dauert, bis das Kind geboren wird, umso größer wird die Gefahr einer Infektion. Nachdem das Fruchtwasser abgegangen ist, sollte das Kind optimalerweise innerhalb von wenigen Stunden geboren sein.

81. Ich möchte per Kaiserschnitt entbinden. Macht jedes Krankenhaus den Kaiserschnitt auf Wunsch?

Nicht jeder Arzt und nicht jedes Krankenhaus sind heute bereit, ein Kind auf Wunsch ohne medizinischen Grund, die so genannte Indikation, per Kaiserschnitt zur Welt zu holen. Falls Sie unbedingt auf diese Weise entbinden wollen, sollten Sie dies rechtzeitig mit der Klinik absprechen.

82. Welche Vor- bzw. Nachteile kann ein Kaiserschnitt auf Wunsch bringen?

Die Befürworterinnen des »Kaiserschnittes auf Wunsch« streben damit eine sichere Entbindung an und glauben, durch das »Geburtsmanagement« die Unwägbarkeiten einer Geburt ausschließen zu können. Leider verläuft auch beim geplanten Kaiserschnitt nicht immer alles nach Plan.

Folgende Aspekte sollten in die Überlegungen mit einbezogen werden:

- Ein Kaiserschnitt ist immer ein operativer Eingriff, der gewisse Risiken für Mutter und Kind mit sich bringt (siehe Seite 102).
- Die Tage nach der Geburt sind für die Mutter nach einem Kaiserschnitt aufgrund des Bauchschnittes in jedem Fall immer sehr anstrengend und meist mit nicht unerheblichen Schmerzen verbunden.
- Zwar treten beim Kaiserschnitt seltener Spätschäden des Beckenbodens auf und auch keine traumatischen Erinnerungen an eine lange, schmerzhafte Geburt, allerdings entgeht der Mutter das tief befriedigende Erlebnis, ein Kind auf die Welt gebracht zu haben.

83. Ist eine Entbindung per Kaiserschnitt genauso sicher wie eine vaginale Entbindung?

Seit der Erhöhung der Kaiserschnittgeburten ist die perinatale Sterblichkeit gesunken. Es sterben zunehmend weniger Frauen an den Folgen des Kaiserschnittes. Dennoch ist das Risiko für die Mutter immerhin drei- bis viermal größer als bei der vaginalen Entbindung.

Das Neugeborene ist nach einem Kaiserschnitt nicht immer in bester Verfassung: Der Druck, den bei einer vaginalen Entbindung die engen Geburtswege auf das Ungeborene ausüben, presst das in der Lunge und in den Atemwegen befindliche Fruchtwasser heraus. Zwar wird den Kaiserschnittbabys das Fruchtwasser abgesaugt, dennoch haben sie nicht selten Atemstörungen und müssen vorübergehend intensivmedizinisch überwacht werden. Diese Anpassungsprobleme sind in der Regel nicht lebensbedrohlich, dennoch sind Atemstörungen für ein Baby kein wünschenswerter Start ins Leben.

84. Welche Arten der Betäubung gibt es bei einem Kaiserschnitt?

Bei einem geplanten Kaiserschnitt kann sich die Schwangere meist entscheiden, ob sie unter Vollnarkose oder mit einer örtlichen Betäubung, der Periduralanästhesie (PDA), auch Epiduralanästhesie (EDA) genannt, entbinden möchte.

85. Was ist eine Periduralanästhesie?

Die Periduralanästhesie (PDA) ist eine Betäubung, die während einer Geburt oder eines Kaiserschnittes zum Einsatz kommt, um den Geburtsschmerz auszuschalten bzw. die Kaiserschnittoperation völlig schmerzfrei zu machen.

Soll eine PDA während einer vaginalen Entbindung durchgeführt werden, um die Schmerzen zu nehmen, wird diese am günstigsten begonnen, wenn der Muttermund bereits zwei bis drei Zentimeter eröffnet ist. Die PDA darf in Deutschland nur ein Narkosearzt ausführen.

Das Lokalanästhetikum wird heute vorwiegend über einen in die Punktionsstelle (am Rücken) eingeführten Katheter verabreicht. Zum Anlegen der Periduralanästhesie müssen Sie nach vorne gebeugt sitzen, was bei starken Wehen nicht immer ganz leicht ist. Diese Methode ermöglicht eine exakte Dosierung, dem individuellen Bedarf und dem Geburtsverlauf angepasst.

Da das Medikament auch die Gebärmuttermuskulatur entspannt, sind die Wehen manchmal zu schwach, um die Geburt voranzubringen. In dem Fall wird der Arzt mit künstlichen Wehenmitteln nachhelfen. Wenn das Gefühl für die Wehen und der Drang zum Mitpressen völlig verloren gehen, wird die Entbindung nicht selten mit der Saugglocke oder der Zange beendet.

Mussten die Frauen früher nach einer Periduralanästhesie im Bett liegen bleiben, so können sie heute weiter herumlaufen. Die so genannte »mobile« Periduralanästhesie macht es möglich. Der Vorteil: Bewegung fördert den Geburtsverlauf.

Unter Einwirkung des Betäubungsmittels kommt es nicht selten zu einer Gefäßerweiterung, die zum Blutdruckabfall führen kann. Daher wird der Schwangeren vorsorglich eine Infusion mit kreislaufstabilisierenden Medikamenten angelegt.

Auf das Kind hat diese Teilnarkose keinen negativen Einfluss.

86. Was kann man mit dem Nabelschnurblut nach der Geburt tun?

Das Blut aus der Nabelschnur enthält wertvolle Stammzellen, die schon heute bei der Therapie schwerer Krankheiten eingesetzt werden können. Darüber hinaus sind sie ein wertvoller Rohstoff für die Medizin der Zukunft. Unmittelbar nach der Entbindung besteht die Möglichkeit, das Blut aus der Nabelschnur aufzufangen und einfrieren zu lassen. Es hat gegenüber den bislang am häufigsten transplantierten Stammzellen aus dem Knochenmark oder dem peripheren Blut mehrere Vorteile:

- Die Entnahme von Nabelschnurblut ist einfach und risikolos.
- Nabelschnurblut ist sofort verfügbar, wenn es gebraucht wird.
- Nabelschnurblut enthält keine Tumorzellen und ist weitgehend frei von Viren.
- Nabelschnurblut wird vom Spender, aber auch von einem Verwandten oder einem fremden Empfänger bei einer Transplantation besser vertragen als erwachsene Stammzellen.

Es gibt die Möglichkeit, Nabelschnurblut in privaten und in öffentlichen Spenderbanken zu deponieren.

Für die private Einlagerung zahlen die Eltern einen Betrag für Untersuchung und Lagerung. Im Falle, dass die Stammzellen (vom Kind oder einem nahen Verwandten) benötigt werden, kann es angefordert und transplantiert werden. Die einzige private Nabelschnurblutbank, die nach den deutschen Arzneimittelrichtlinien arbeitet und das Nabelschnurblut in Deutschland lagert, ist »vita34« [*www.vita34.de*].

Wird das Nabelschnurblut einer öffentlichen Spenderbank gespendet, kostet dies nichts. Kind und Eltern verlieren damit jegliches Anrecht auf Transplantation im Falle, dass die Stammzellen selbst gebraucht werden.

Die Wahrscheinlichkeit, dass ein Kind das eigene Nabelschnurblut im Rahmen einer Transplantation benötigt, liegt bei vier von 10.000 – also bei 0,04%.

87. Welche Krankheiten können mit den eigenen Stammzellen aus dem Nabelschnurblut therapiert werden?

Allein im Jahr 1999 wurden in Europa über 21.000 Transplantationen von Stammzellen, vorwiegend aus Knochenmark und peripherem Blut, durchgeführt. In fast 70% aller Fälle erhielten die Patienten dabei eigene (autologe) Stammzellen, in weiteren 21% von einem

Verwandten. Für all diese Transplantationen wären Nabelschnurblut-Stammzellen die sichere und risikoarme Alternative.

Die häufigsten Erkrankungen, bei denen 1999 in Europa eine Stammzell-Transplantation zum Einsatz kam, sind die Non-Hodgkin-Lymphome (ca. 3.800 Transplantationen), Myelome (ca. 3.200 Transplantationen) und die Akute Myeloische Leukämie (ca. 2.500 Transplantationen).

Die Stammzellen aus der Nabelschnur können prinzipiell bei allen Erkrankungen eingesetzt werden, bei denen bislang erwachsene (adulte) Stammzellen verwendet werden.

Für die Zukunft rechnen Forscher damit, deutlich mehr Krankheiten als bisher auf diese Weise heilen zu können. Außerdem laufen bereits erste erfolgversprechende Versuche, aus Nabelschnurblut-Stammzellen Gewebe zu entwickeln, das beispielsweise geschädigte Herz-, Leber- oder Nervenzellen ersetzen kann (Stichwort: Tissue-Engineering).

Leukämie ist ein Sonderfall bei der Anwendung von Präparaten aus Nabelschnurblut. Bei einer Leukämieerkrankung greifen Ärzte lieber auf das Transplantat eines gewebeverträglichen Geschwisters oder Verwandten ersten Grades zurück. Das hat zwei Gründe:

- Zum einen ist bei der Leukämie eine moderate Abstoßungsreaktion erwünscht. Dabei greift das Transplantat die trotz einer Chemo- oder Strahlenbehandlung evtl. noch im Körper verbliebenen Leukämiezellen an (Transplantat-gegen-Leukämie-Effekt).
- Zum anderen wird befürchtet, dass die eigenen Stammzellen eine genetische Veranlagung zur Leukämie haben könnten.

Da man aber häufig keine passenden Transplantate in der Familie findet, greifen Ärzte als zweite Wahl dann entweder auf Stammzellen des Patienten oder Stammzellen von fremden Spendern zurück.

88. Kann ich das Nabelschnurblut auch bei einer Wassergeburt einlagern lassen?

Ja. Auch bei einer Wassergeburt ist es möglich, das Nabelschnurblut aufzufangen und einlagern zu lassen (siehe Seite 104).

89. Bekommt mein Kind nach der Geburt in jedem Fall Silbernitrattropfen in die Augen?

Augentropfen aus Silbernitrat, auch Crédésche Augenprophylaxe oder Blennorrhoe-Prophylaxe, werden den Neugeborenen nach der Entbindung in vielen Krankenhäusern und oft auch routinemäßig bei Hausgeburten verabreicht.

Silbernitrattropfen werden vorbeugend gegeben, um einer Infektion vorzubeugen, die durch Erreger der Gonorrhoe (Tripper), aber auch durch Chlamydien verursacht werden können. Die Infektion kann beim Kind nach der Geburt eine eitrige Augenbindehautentzündung verursachen. Diese geht häufig mit blutig-eitriger Absonderung einher und auch mit der Gefahr der Hornhauteinschmelzung und des Sehverlusts (Blindheit).

Derartige Augeninfektionen sind heute selten zu beobachten. Dies wird unter anderem auf die Prophylaxe mit Silbernitrat-Tropfen zurückgeführt, die seit Jahren flächendeckend erfolgt.

Zwar ist ein Trippertest Bestandteil der mütterlichen Vorsorgeuntersuchungen, dennoch ist es nicht völlig auszuschließen, dass sich die Schwangere in den Tagen vor der Geburt infiziert hat. Für das Neugeborene brächte das eine akute Ansteckungsgefahr mit sich.

Da die Tropfen für die Neugeborenen wegen des darin enthaltenen Silbernitrats (eine 1%ige Argentum-Nitricum-Lösung) recht unangenehm sind, verzichten heute einige Eltern auf diese Prophylaxe. Diese Babys sollten bei einer Augenentzündung unbedingt sofort dem Kinderarzt oder Augenarzt vorgeführt werden.

90. Soll mein Kind nach der Geburt Vitamin K bekommen?

Unmittelbar nach der Geburt erhalten die meisten Neugeborenen routinemäßig zwei Tropfen (ein bis zwei Milligramm) Vitamin K in den Mund geträufelt. Dies wird eine Woche und vier Wochen nach der Geburt wiederholt. Alternativ werden auch ein Milligramm intramuskulär verabreicht. Kaum eine Mutter weiß, wofür das gut sein soll.

Vitamin K ist für die Blutgerinnung notwendig. Neugeborene sind öfters mit Vitamin K unterversorgt. Bereits eine geringfügige Minderversorgung wirkt sich bei ihnen gravierend aus. Aufgrund eines Vitamin-K-Mangels können vor allem Gehirnblutungen auftreten.

Weil diese Vitaminmangelerscheinung immerhin bei etwa einem von 10.000 Babys auftritt, empfehlen die Mediziner die vorbeugende Vitamin-K-Gabe für Neugeborene. In Deutschland wird darüber hinaus empfohlen, kreißenden Müttern vor der Niederkunft täglich zehn bis 20 Milligramm oral zu verabreichen.

Vitamin K bei gestillten Kindern

Der Gehalt an Vitamin K in der Muttermilch kann sehr stark schwanken. Es gibt Untersuchungen, die belegen, dass besonders voll gestillte Neugeborene (ohne vorbeugende Vitamin-K-Verabreichung) zu Blutgerinnungsstörung durch Vitamin-K-Mangel neigen. Flaschenkinder bekommen ihre Milch in der Regel aus Säuglingsnahrung bereitet, der fast immer auch Vitamin K zugesetzt ist.

Wird gestillten Säuglingen das Vitamin K zusätzlich oral verabreicht, kann dieses Risiko zu fast 100 Prozent gemindert werden.

Vitamin K in Säuglingsnahrung

Fast allen Babynahrungen ist heutzutage Vitamin K zugesetzt, um gegebenenfalls eine Unterversorgung mit diesem Vitamin zu vermeiden.

91. Muss ich mich vor der Geburt rasieren lassen?

Früher wurden jeder Schwangeren im Krankenhaus vor der Entbindung die Schamhaare rasiert - prophylaktisch und aus »hygienischen« Gründen.

Heute werden die Schamhaare in den meisten Krankenhäusern nur noch dann rasiert, wenn ein Kaiserschnitt gemacht wird »um das Operationsfeld steril zu halten«.

Aber schon heute gibt es Kliniken, die auch darauf verzichten. Man hat nämlich festgestellt, dass die Rasur keine hygienischen Vor-

teile hat und keinen Einfluss auf die Heilung mit sich bringt. So stellt auch die Weltgesundheitsorganisation fest: »Für eine Rasur der Schamhaare oder einen Einlauf vor der Geburt besteht kein Anlass.«

92. Was ist ein CTG ?

Das CTG, der Cardiotokograph, ist ein Herzton-Wehenschreiber, der über zwei auf dem Bauch befestigte Elektroden und einen Schallempfänger (Mikrofon oder Ultraschallkopf) die Wehenstärke und die kindliche Herzschlagfrequenz aufzeichnet. Die Herzschlagfrequenz wird in Abhängigkeit von der Wehenfrequenz ausgewertet. Der Kurvenverlauf des CTG zeigt, wie das Baby die Anstrengung der Geburt verkraftet, ob es unter dem Druck der Wehen in Sauerstoffnot gerät und darauf mit Herzfrequenzschwankungen reagiert. Anhand des CTG's kann erkannt werden, ob, wann und wie lange nach einer Wehe der Herzschlag langsamer wird und wann er sich wieder normalisiert.

93. Muss ich während der Wehen immer die Wehen aufzeichnen lassen?

Während der Geburt setzen viele Kliniken auf die umfassende, elektronische Überwachung mit dem CTG (siehe Seite 109). Entweder wird die Überwachung in regelmäßigen Abständen für etwa 30 Minuten vorgenommen oder gar kontinuierlich während der gesamten Eröffnungs- und Austreibungsperiode.

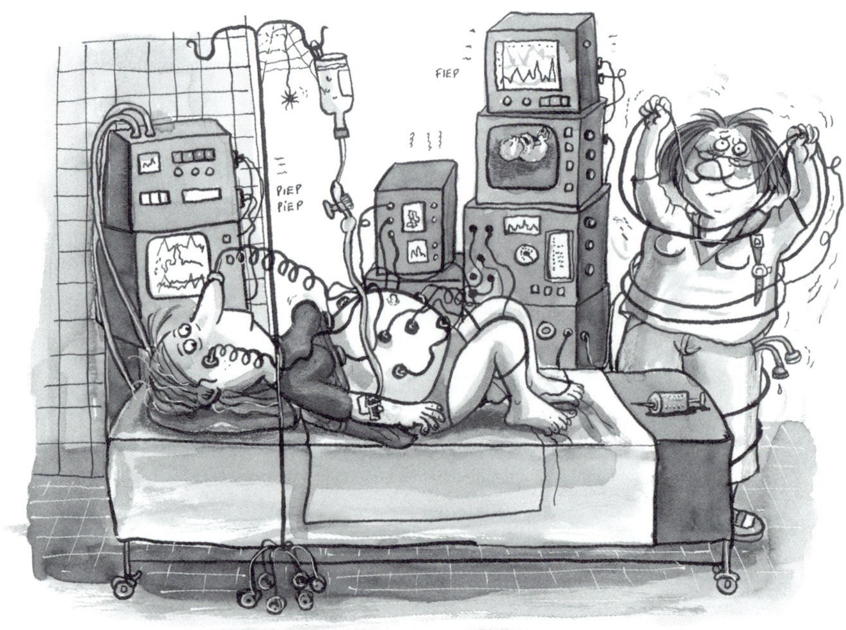

Kontroverse Diskussionen

Der Einsatz der Dauerüberwachung wird allerdings kritisch diskutiert. Die Apparatemedizin und die technisch orientierte Kreißsaal-Atmosphäre kann bei vielen Schwangeren Ängste hervorrufen oder verstärken. Ärzten und Hebammen wird oftmals unterstellt, sie würden mehr den Aussagen der Geräte vertrauen als ihren Erfahrungen, dem gesunden Menschenverstand und dem Empfinden der betroffenen Frauen. Zudem beeinträchtigen die üblichen CTG-Geräte die Bewegungsfreiheit der Mutter enorm, da sie während der Aufzeichnungen ruhig liegen soll.

Telemetrie als bessere Alternative

Daher bieten viele Kliniken mittlerweile die Möglichkeiten der Telemetrie an. Die entsprechenden Signale werden, ebenso wie beim CTG, am Körper abgehört. Allerdings werden die Signale zu einem kleinen Sender geleitet, der die Aufzeichnungen drahtlos an einen Empfänger übermittelt. Die schwangere Frau ist nicht verkabelt und kann sich frei bewegen.

94. Was ist ein Dammschnitt?

Der Dammschnitt, medizinisch Episiotomie genannt (griech. episio = Schamgegend, tomie = Schnitt, Abschnitt), ist eine den Scheideneingang (Damm) erweiternde Operationsmethode der Geburtshilfe. Dabei wird der Damm während der Austreibungsphase - wenn der Kopf des Babys aus der Scheide hervortritt - mit einer speziellen Operationsschere eingeschnitten und die Geburtsöffnung dadurch künstlich geweitet. Ein Dammschnitt muss nach dem Ende der Geburt genäht werden.

Es gibt drei Richtungen, in die der Damm zwischen dem hinteren Ende der Vagina und dem Anus durchschnitten werden kann:

- Die **mediane Episiotomie** (Schnittführung genau in der Mittellinie) ist die heute gebräuchlichste Methode. Sie hat den Vorteil, dass sie von allen drei Schnittführungen im Normalfall noch am wenigsten Beschwerden im Wochenbett bereitet. Der Nachteil aber ist, dass das Dammgewebe trotz des Entlastungsschnittes in Richtung After weiterreißen kann. Die anschließende chirurgische Versorgung dieser nicht seltenen Komplikation ist aufwändig und erfordert chirurgisches Fingerspitzengefühl. Wegen dieser Probleme sollte die mediane Schnittführung nur von erfahrenen Geburtshelfern durchgeführt werden.
- Die **mediolaterale Episiotomie** (Schnittführung von der Mitte aus in ca. 45 Grad Abweichung nach rechts oder links), der schräge Schnitt von der Scheidenmitte nach links oder rechts, ist die Schnittführung, die den meisten Raumgewinn bringt. Sie wird gewählt bei sehr engem Geburtskanal oder einem sehr großen Kind, bei Zangen- oder Saugglockenentbindungen. Der schräge Schnitt macht deutlich mehr Beschwerden im Wochenbett als der Schnitt in der Mittellinie.
- Die **laterale Episiotomie** (Schnittführung ca. zwei Zentimeter neben der Mittellinie), bei der der Schnitt etwa zwei Zentimeter seitlich der Mittellinie (links oder rechts) erfolgt, hat eine schlechte Heilungstendenz. Aus diesem Grund gilt diese Schnittführung heute als veraltet und sollte nicht mehr zur Anwendung kommen.

Wird während der Entbindung nicht geschnitten, kann es zu oberflächlichen Scheiden- und Dammrissen kommen. Diese entstehen natürlicherweise bei jeder normal verlaufenden vaginalen Entbindung am Gebärmutterhals, an der Scheide und am Damm. Zu kleineren Verletzungen am Geburtskanal kommt es bei etwa der Hälfte der Erstgebärenden. Im Normalfall erfordern diese Risse keine chirurgische Versorgung. Sie verheilen in der Regel komplikationslos.

Ob ein Dammschnitt gemacht werden muss, entscheidet in der Regel der Geburtshelfer oder die Hebamme während der Entbindung. Wenn der Geburtshelfer einen notwendigen Dammschnitt nicht rechtzeitig legt, kann es zu einem größeren Dammriss kommen. Dieser muss später meist auch genäht werden.

Die Annahme, dass es durch einen vorzeitig angelegten Dammschnitt zu einer Verhinderung einer späteren Harninkontinenz kommen könnte, wird kontrovers diskutiert.

Wenn es zu einer Überbeanspruchung des Gewebes mit daraus resultierender Senkung oder Harninkontinenz kommt, geschieht dies schon im Bereich der oberen Geburtswege und nicht erst im Bereich des Beckenbodens. Daher kann auch ein Dammschnitt die Gefahr späterer Inkontinenz nicht verhindern.

95. Wann wird ein Dammschnitt gemacht?

Die Notwendigkeit, einen Dammschnitt zu setzen, richtet sich zunächst nach dem Gesundheitszustand des Kindes. Das heißt, um das Kind zu schützen, muss gegebenenfalls ein Dammschnitt durchgeführt werden, wenn damit die Austreibungsperiode verkürzt werden kann und das Baby dadurch weniger belastet wird. Dieses kann sich beispielsweise bei Frühgeburten oder auffälligen CTG-Mustern (siehe Seite 109) ergeben.

Ein Dammschnitt gilt auch dann als Mittel der Wahl, wenn zu erwarten ist, dass das Kind übermäßig groß ist (Makrosomie).

96. Was ist der Unterschied zwischen Dammriss und Dammschnitt

Bei einem Dammschnitt werden die im Dammbereich verlaufenden Blutgefäße und Nervenbahnen durchtrennt, so dass es vermehrt zu ungewollten Blutungen sowie zu Störungen der Nervenbahnen kommt. Bei einem Dammriss dagegen wenn er nicht zu ausgedehnt ist kommt es zu einem Reißen des Gewebes entlang der Nerven- und Blutbahnen. Meist kommt es auf diese Weise im Dammbereich, durch Erhalt der dort verlaufenden Nerven, zu einem geringeren Verlust an Sensibilität. Vergleichbar ist dieses mit einem Stoff, der entlang des Fadenlaufs reißt. So werden die Nerven- und Blutbahnstrukturen geschont.

97. Welche Möglichkeiten der Schmerzminderung und Betäubung gibt es für die Entbindung?

Eine der Hauptaufgaben der Geburtshilfe ist die zuverlässige Schmerzbekämpfung. Während der Entbindung stehen eine Vielzahl von schmerzlindernden Arzneimitteln, Beruhigungsmitteln und Anästhesien für die individuelle Betreuung zur Verfügung.

Bei der Anästhesie wird das Bewusstsein - außer der Schmerzempfindung – erhalten. Bei der Narkose wird das Gesamtbewusstsein ausgeschaltet.

Die Periduralanästhesie und die Betäubung des Pudendus-Nervs (der so genannte Pudendusblock) sind Regionalanästhesien oder lokale Betäubungen:

- Bei der Periduralanästhesie blockiert das Betäubungsmittel die Reizleitung der Rückenmarksnerven, so dass die untere Körperhälfte gefühllos und schmerzunempfindlich wird.
- Mit Hilfe des Pudendusblocks gelingt die Schmerzausschaltung im Nervus-pudendus-Bereich (äußerer weicher Geburtskanal und Vulva-Damm-Region) durch die vaginale Applikation eines Anästhetikums.

98. Mein Kind liegt in Steißlage (Beckenendlage). Ist eine »normale« Entbindung möglich?

Von einer Beckenendlage oder Steißlage spricht man, wenn der Fötus mit dem Kopf nach oben und dem Steiß nach unten im Uterus liegt. Bei der »normalen« Entbindungslage liegt das Ungeborene mit dem Kopf nach unten im Mutterleib. Einige Kinder befinden sich aber zum Geburtstermin in Steißlage. Grundsätzlich ist die Drehung des Kindes von außen jederzeit möglich, aber je größer das Kind ist, umso schwieriger wird eine Drehung und umso größer sind die Risiken, die mit einer solchen Wendung einhergehen. Eine Geburt aus der Beckenendlage ist möglich, birgt für das Kind aber die Gefahr von Verletzungen.

Was sind die Probleme bei der Beckenendlage?

Liegt das Baby zum Geburtstermin in einer Beckenendlage, sind die Wehen schwächer, weil der vorangehende Teil weicher und kleiner ist als der kindliche Schädel. Also dehnt er die Geburtswege nicht so gut. Wenn dann der große Kopf nachfolgt, ist seine Passage durch den unzureichend geweiteten Geburtskanal erschwert.

Nachdem der Steiß geboren und der Kopf in den Gebärmutterausgang eingetreten ist, verkleinert sich der nun weitgehend entleerte Uterus und damit die Haftfläche der Plazenta. Die Blutzufuhr des Babys wird eingeschränkt. Wenn dann der Kopf ins Becken rutscht, drückt er die neben ihm liegenden Nabelschnur zusammen, die ja von der Plazenta (noch innerhalb der Gebärmutter) zum kindlichen Nabel (schon außerhalb des Mutterleibes) zieht. Dadurch wird die Sauerstoffversorgung unterbunden und es bleiben dem Geburtshelfer nur wenige Minuten Zeit, um das Kind mit bestimmten Handgriffen zu entbinden.

Risikominimierung

Sind erfahrene Geburtshelfer bei der Entbindung dabei, ist das Risiko für das Kind manchmal nicht erhöht. Die meisten Krankenhäuser empfehlen allerdings routinemäßig bei einer Beckenendlage einen Kaiserschnitt. Bei allen Entscheidungen ist zu berücksichtigen, dass der Kaiserschnitt besonders für Mütter stets mit größeren Risiken behaftet ist als eine normale Geburt (siehe Seite 101).

Es gibt jedoch Fälle, in denen eine Beckenendlage tatsächlich nicht »normal« entbunden werden kann und in diesen Fällen wird auch der erfahrenste Geburtshelfer keine Alternative zur operativen Entbindung sehen.

99. Was muss in den Klinikkoffer?

Kurz vor der Geburt kann es hektisch werden. Vielleicht meldet sich das Kind schon früher als geplant. Damit Sie in diesem Fall nichts vergessen, sollten Sie den Klinikkoffer schon einige Zeit vor dem errechneten Entbindungstermin parat halten.

Persönliche Dinge:

- Kulturbeutel mit Waschsachen
- vier Waschlappen und Handtücher
- zwei bis drei Nachthemden oder Schlafanzüge (vorne zum Aufknöpfen)
- sechs Slips
- drei Still-BHs
- zwei T-Shirts
- eine bequeme Hose (Leggings oder Jogginghose)
- Bademantel und Hausschuhe
- Stilleinlagen und Binden
- warme Socken
- Bücher und Zeitschriften

Folgende Papiere brauchen Sie:

- Personalausweis
- Chipkarte der Krankenkasse
- Familienstammbuch (wenn Sie verheiratet sind)
- Geburtsurkunde (wenn Sie ledig sind)
- Mutterpass
- Einweisungsschein
- Allergiepass (falls vorhanden)

Fürs Baby:

- Windeln und Windelhöschen
- Unterhemd
- Strampelanzug
- Mütze, Jacke, Socken
- Tragetasche oder Kinderautositz

Und gegebenenfalls das Entnahmeset für die Nabelschnurbluteinlagerung (siehe Seite 103) nicht vergessen!

100. Wird man mir in der Klinik zeigen, wie ich stillen kann?

Zunehmend unterstützen Krankenhäuser Mütter, die ihre Kinder stillen wollen. Aber leider gibt es doch noch rückständige Kliniken, in denen die Neugeborenen schnell mal ein Fläschchen verabreicht bekommen. Es wird dort als nicht so wichtig angesehen, den unerfahrenen Müttern beim Stillen beiseite zu stehen.

Deshalb hat die WHO (Weltgesundheitsorganisation) in Zusammenarbeit mit der UNICEF eine **Initiative »Stillfreundliches Krankenhaus«** ins Leben gerufen. Beide Initiativen gehen davon aus, dass Stillen der beste Start ins Leben ist. Mütter sollen demnach in ihrer Entscheidung für das Stillen bestärkt und unterstützt werden. Hierbei nehmen Entbindungsstationen eine Schlüsselstellung ein. UNICEF und die WHO haben einen Katalog mit zehn Punkten herausgegeben, an die sich die angeschlossenen Krankenhäuser halten müssen.

Kliniken bzw. Entbindungsstationen, die die zehn Punkte von UNICEF und WHO erfüllen, weder Gratisproben noch Werbung für industriell hergestellte Säuglingsnahrung verteilen, ausgebildetes Fachpersonal fürs Stillen schulen, gestillten Kindern weder Schnuller noch Nuckel geben u.a.m. werden mit der Plakette »Stillfreundliches Krankenhaus (Stillende Mutter von Pablo Picasso)« ausgezeichnet.

In Deutschland gibt es bislang lediglich 15 »Stillfreundliche Krankenhäuser«. Weltweit sind es rund 15.000.

Fragen Sie, ob die Klinik Ihrer Wahl stillfreundlich ist: wie sie das Stillen fördert und unterstützt – und regen Sie ggf. an, dass sie sich dieser Initiative anschließt.

Glossar

Abort	Vorzeitiger Verlust einer Schwangerschaft; d.h. der Verlust des Fötus vor Eintritt der extrauterinen Lebensfähigkeit (also vor Ende der 24. Woche).
Alkoholembryopathie	Durch Alkoholmissbrauch verursachte geistige und körperliche Entwicklungsstörung des Kindes (betroffen sind in Deutschland ca. 2.200 Neugeborene jährlich). Klinische Zeichen sind unter anderem: intrauteriner Minderwuchs, geistige Retardierung, verkürzter Nasenrücken, hoher Gaumen, anomale Handfurchen, Herzfehler, häufig auch eine Leberfibrose.
Amniozentese	➜ Fruchtwasseruntersuchung
Anamnese	Die Krankheitsgeschichte eines Patienten, (griech.) Anamnesis = Erinnerung oder Vorgeschichte. Die subjektiv erinnerlichen (oder von Angehörigen mitgeteilten) früheren Krankheiten als Vorgeschichte einer aktuellen Krankheit (Eigenanamnese), ergänzt durch Krankheitsangaben aus dem Familienbereich (Familienanamnese).
Anämie	So genannte Blutarmut – zu niedriger Anteil an roten Blutkörperchen. Weil durch die Zunahme

	des Blutvolumens der Eisenbedarf in der Schwangerschaft steigt und oft nicht gedeckt wird, entsteht nicht selten eine Anämie. Das Körpergewebe von Mutter und Kind leidet an Sauerstoffmangel, daraus resultieren eine größere Fehl- und Frühgeburtenrate und höhere Säuglingssterblichkeit.
Anenzephalie	Die Anenzephalie (Anenzephalus) ist eine nicht mit dem Leben vereinbare Fehlbildung des Zentralnervensystems. Sie geht mit einem Fehlen des Schädeldaches und großer Teile des Gehirns einher. Die Fehlbildung beruht auf einer Verschlussstörung des Neuralrohres während der dritten bis vierten Embryonalwoche. Die Anenzephalie wird wie die ➜ Spina bifida zu den ➜ Neuralrohrdefekten gerechnet.
Bauchhöhlenschwangerschaft	➜ Extrauterinschwangerschaft
Befruchtung	Vereinigung von Ei und Samenzelle
Candida albicans	Erreger der Candidamykose, einer durch Hefepilze hervorgerufenen Pilzerkrankung.
Chlamydien	Kleine (200-350 Nanometer) Bakterien der Familie Chlamydiaceae (Chlamydiales). Erreger von Gebärmutter- und Eileiterentzündung.

Chorionzotten-Biopsie	Test zur vorgeburtlichen Diagnostik. In der zehnten Woche etwa kann man einige Zellen aus dem Gewebekranz außerhalb des Fruchtsacks für genetische Untersuchungen entnehmen. Sie sind mit den Zellen des Ungeborenen identisch. Diese Zellen werden gezielt auf bestimmte Chromosomenschäden und Erbkrankheiten untersucht.
Chromosomenanomalie	Veränderungen des normalen Chromosomensatzes. Abweichungen von der normalen Chromosomenzahl oder strukturelle Abweichungen einzelner Chromosomen. Das Risiko von Chromosomenschäden steigt mit dem Alter der Mutter an. Folge von Chromosomenschäden können z.B. ➜ Down-Syndrom oder ➜ Neuralrohrdefekte sein.
Cardiotokogramm	➜ CTG
CTG	(Cardiotokogramm) Aufzeichnung der Herzfrequenz des Fetus und der Wehen der Mutter. Ein CTG wird vor allem während der Geburt »geschrieben«, um zu prüfen, wie gut das Ungeborene die Wehen verkraftet.
Damm	(Perineum) Gewebegebiet zwischen After und Vagina

Dammschnitt	Episiotomie – Scheiden-Dammschnitt. Eine den Scheideneingang erweiternde, von der Scheide her mittels Scherenschlag ausgeführte, teilweise Dammdurchtrennung (Perineotomie) zur Verhütung eines Dammrisses oder zur Erleichterung bzw. Beschleunigung der Geburt.
Dehnungsstreifen	➜ Schwangerschaftsstreifen
Diabetes Mellitus	Zuckerkrankheit
Diagnose	Erkennen und Benennen einer Erkrankung aufgrund von Untersuchungen.
Dopplersonographie	Ultraschalluntersuchung der Blutströmungsverhältnisse des Babys, der Plazenta oder der Mutter, z.B. zur Beurteilung einer Plazentainsuffizienz oder kindlicher Herzfehler
Down-Syndrom	Trisomie 21 (früher als Mongolismus bezeichnet). Anomalie bezüglich Struktur oder Zahl der Chromosomen. Bei der klassischen Trisomie ist das Chromosom 21 dreifach vorhanden. Symptome: geistige Behinderung unterschiedlichen Ausmaßes und eine Reihe körperlicher Merkmale, z.B. die Vierfingerfurche. Bei Verdachtsdiagnose während der Schwangerschaft kann eine Pränatale Diagnostik durchgeführt

	werden. Eine ursächliche Therapie ist nicht möglich. Häufig entscheiden sich werdende Eltern für einen Schwangerschaftsabbruch.
Eierstockschwangerschaft	➜ Extrauterinschwangerschaft
Eileiterschwangerschaft	➜ Extrauterinschwangerschaft
Einnistung	Implantation oder Nidation, Einnistung des befruchteten Keimes am sechsten bis siebten Tag nach dem Eisprung in die durch Hormone vorbereitete Gebärmutterwand. Dieser Vorgang kann mit einer leichten Schmierblutung, der Einnistungs- oder Implantationsblutung, einhergehen.
Einnistungsblutung	➜ Einnistung
Ejakulation	Bei der Ejakulation werden beim Mann etwa drei bis fünf Milliliter ➜ Sperma mit etwa 200 bis 300 Millionen Spermien ausgestoßen.
Eklampsie	➜ Gestose
Embryo	Das ungeborene Kind von Beginn des Verschmelzens von Eizelle und Samenzelle bis zum dritten Schwangerschaftsmonat.
Emensis	➜ Hyperemesis
Endometrium	Gebärmutterschleimhaut
Embryotoxisch	Schädlich (giftig) für den Embryo

EPH-Gestose	E=edema=Ödeme, P=Proteinurie und H=Hypertonus → Gestose
EPH-Syndrom	→ EPH-Gestose
Epiduralanästhesie	→ Periduralanästhesie
Episiotomie	→ Dammschnitt
EUG	Extrauteringravidität → Extrauterinschwangerschaft
Extrauterinschwangerschaft	Oberbegriff für alle Formen der Schwangerschaft, bei denen die Einnistung (Nidation) des befruchteten Eies außerhalb der Gebärmutter erfolgt (ca. ein bis zwei Prozent aller Schwangerschaften); meist als Eileiterschwangerschaft, selten als Bauchhöhlenschwangerschaft oder Eierstockschwangerschaft.
Fetus	→ Fötus
Fötus	Ab dem vierten Schwangerschaftsmonat wird das wachsende Baby in der medizinischen Fachsprache Fötus (oder auch Fetus) genannt.
Folsäure	Ein Vitamin aus dem B-Komplex. Die tägliche Einnahme von Folsäure wird bei Mangelerscheinung und als Vorbeugung, am besten schon vor der Befruchtung beginnend, empfohlen.

Frühgeburt	Neugeborene, die bei der Geburt vor der 36. Schwangerschaftswoche und/oder die bei ihrer Geburt weniger als 2.500 Gramm wiegen, bezeichnet man als Frühgeburten. Dank hoch entwickelter Medizintechnik überleben heute schon »Frühchen«, die mit nur 600 Gramm in der 25. Schwangerschaftswoche zur Welt kommen.
Gebärmutterkontraktionen	➜ Wehen
Gestation	Schwangerschaft
Gestose	Schwangerschaftstoxikose oder Schwangerschaftsvergiftung, EPH-Gestose, Präeklampsie. Stoffwechselentgleisung, die zur Unterversorgung des Kindes und zu tödlichen Krampfanfällen der Mutter (Eklampsie) führen kann. Nach dem zeitlichen Bezug zur Schwangerschaftsdauer unterschieden in Frühgestose (im ersten Schwangerschaftsdrittel) und als Spätgestose (im letzten Drittel), und zwar als EPH-Gestose oder Eklampsie.
Gravida	Anzahl der bisherigen Schwangerschaften, wobei auch Fehlgeburten und Schwangerschaftsabbrüche berücksichtigt werden. I-Gravida besagt also, dass es sich um die erste Schwangerschaft handelt.

Hyperemesis gravidarum	Schwangerschaftsübelkeit. Vor allem morgendliches Erbrechen in den ersten drei Schwangerschaftsmonaten. Die leichte Form der Schwangerschaftsübelkeit ist im Allgemeinen ohne Krankheitswert. Sie tritt bei etwa 25 Prozent aller Schwangeren auf. Die verstärkte Form der Schwangerschaftsübelkeit ist behandlungsbedürftig und muss meist stationär mit Infusionen therapiert werden.
Hypertonie	Bluthochdruck
Implantation	➜ Einnistung
Intermenstrualschmerz	➜ Mittelschmerz
Kapazitation	Biochemischer und physiologischer »Reifungs-« bzw. Umbauprozess, den eine Samenzelle in der Regel im weiblichen Genitaltrakt durchläuft und der sie befähigt, in eine Eizelle einzudringen und diese zu befruchten. Die Kapazitation erfolgt nach der Ejakulation des Samens in den weiblichen Genitaltrakt. Für diesen biochemischen Prozess ist die richtige Zusammensetzung des Zervixsekrets notwendig. Ohne Kapazitation, also unmittelbar nach dem Geschlechtsverkehr, oder wenn der Zervixschleim (Zervixsekret) nicht optimal

	zusammengesetzt ist, kann eine Samenzelle die Eihaut nicht durchdringen.
Kardiotokographie	➜ CTG
Konzeption	➜ Befruchtung
Krampfaderbruch	➜ Varikozele
Menarche	➜ Menstruation
Mensis	➜ Menstruation
Menstruation	Mensis, Periode, Monatsblutung
Mittelschmerz	Auch Intermenstrualschmerz genannt. Manche Frauen berichten vom Mittelschmerz, einem Ziehen im Bauch, in der Zeit, in der vermutlich der Eisprung erfolgt.
Mortalität	Sterblichkeit
Neuralrohrdefekt	Sammelbegriff für Fehlbildungen des Zentralnervensystems, die durch mangelhaften Verschluss des Neuralrohrs in der dritten bis vierten Embryonalwoche entstehen (Spaltbildung der Wirbelsäule). Unter Spina bifida versteht man eine Fehlbildung der Wirbelsäule und des Rückenmarks (»offener Rücken«), die in verschiedenen Schweregraden auftreten kann. Die ➜ Spina bifida zählt, ebenso

	wie die ➜ Anenzephalie, zu den Neuralrohrdefekten. Neuralrohrdefekte sind Chromosomenschäden und lassen sich durch erhöhte Alphafetoproteinspiegel im Fruchtwasser und im Plasma der Mutter nachweisen. Sonographisch ist ein Neuralrohrdefekt vor der 20. Woche fast immer zu erkennen.
Neuralrohrschaden	➜ Neuralrohrdefekt
Nidation	➜ Einnistung
Ödeme	Wasseransammlung im Gewebe
Ovarien	Eierstöcke
Ovulation	Eisprung
Ovum	Eizelle
PDA	➜ Periduralanästhesie
Periduralanästhesie	PDA, Epiduralanästhesie. Rückenmarks-Narkose: Vorübergehende örtliche Betäubung durch Injektion eines lokalen Betäubungsmittels ins Rückenmark des Wirbelkanals (der Lendenwirbelsäule). Regionale Anästhesiemethode zur Ausschaltung des Wehenschmerzes oder bei einer Kaiserschnittentbindung.
Perinatal	Um die Zeit der Geburt

Perineotomie	➜ Dammschnitt
Perineum	➜ Damm
Periode	➜ Menstruation
PH-Wert	Säuregehalt (zum Beispiel der Vaginalflüssigkeit)
Plazenta	Mutterkuchen – ein Organ, welches in der Schwangerschaft über die Nabelschnur den Embryo ernährt.
Plazentainsuffizienz	Unzureichende Versorgung des Kindes durch den Muttermund
Präeklampsie	➜ EPH-Gestose
Pränatal	Vor der Geburt
Pudendusblock	Lokalanästhesie während der Entbindung, bei der die äußeren Genitalien und der Damm betäubt werden.
Prophylaxe	Verhütung einer Krankheit durch vorbeugende Maßnahmen.
Schwangerschaftsstreifen	Schwangerschaftsstreifen oder Striae gravidarum. Während der Schwangerschaft oder bei starkem Übergewicht ist der Kortisonspiegel im Körper sehr hoch. Dieses Hormon Kortison lässt die Haut mehr Wasser festhalten und vermindert die

	Elastizität der Haut. Wird die Haut dann gedehnt, entstehen kleine Risse im elastischen Gewebe, die Haut wird an diesen Stellen dünner und die Blutgefäße schimmern bläulich durch. Später vernarben die Stellen und die Streifen werden weiß. Sie lassen sich meist nicht mehr vollständig entfernen.
Sonographie	➜ Ultraschalluntersuchung
Spätgestose	➜ EPH-Gestose
Sperma	Samenflüssigkeit mit ➜ Spermien (Samenzellen).
Spermien	Spermien, (griech). = zum Samen gehörend, reife männliche Geschlechtszellen, bewegliche geschwänzte Zellen von 50 bis 60 Mikrometer Länge.
Spermiogramm	Samenbefund
Spina bifida	Gespaltenes Rückgrat. Fehlbildung der Wirbelsäule und des Rückenmarkes (»offener Rücken«). ➜ Neuralrohrdefekt
Striae	➜ Schwangerschaftsstreifen
Striae gravidarum	➜ Schwangerschaftsstreifen
Teratogen	Das Erbgut schädigend.

Tokolyse	Wehenhemmende Arzneimittel
Toxoplasmose	Infektionskrankheit, die durch den Parasiten Toxoplasma gondii verursacht wird.
Tubengravidität	➜ Eileiterschwangerschaft
Trisomie 21	➜ Down-Syndrom
Trimenon	➜ Trimester
Trimester	Zeitraum von drei Monaten. Die Schwangerschaft ist in drei Zeitabschnitte von je drei Monaten aufgeteilt: 1.-13. Woche = 1. Trimester (Trimenon) 14.-26. Woche = 2. Trimester (Trimenon) 27.-40. Woche = 3. Trimester (Trimenon)
Triple-Test	Nichtinvasiver Pränataltest. Im Blut wird meist zwischen der 15. und 18. Schwangerschaftswoche das Alpha-Fetoprotein, Östriol und Choriongonadotropin ermittelt und für eine Risikoabschätzung auf ein eventuelles Vorliegen bestimmter Chromosomenveränderungen ausgewertet. Der Triple-Test ermöglicht keine Diagnose!
Ultraschalluntersuchung	Sonographie

Uterus	Gebärmutter
Vagina	Scheide
Vaginal-Sonographie	Ultraschalluntersuchung, die mit einem zylinderförmigen Ultraschallmesskopf durchgeführt wird, der in die Scheide eingeführt wird.
Varikozele	Die Varikozele oder der Krampfaderbruch ist eine krankhafte Erweiterung, Verlängerung und krampfaderähnliche Schlängelung der Venen.
Zervix	Gebärmutterhals
Zervixsekret	Sekret am Gebärmutterhals, welches sich im Laufe des ➜ Zyklus in Aussehen und Zusammensetzung verändert.
Zyklus	Periodisch ablaufendes Geschehen, hier: der Menstruationszyklus.

Mein Menstruations-Zyklus

	Zyklustag	1	2	3	4	5	6	7	8	9	10	11	12	13	14
	Datum														
	Wochentag														
	Blutung														
Basaltemperatur	37,5														
	37,4														
	37,3														
	37,2														
	37,1														
	37,0														
	36,9														
	36,8														
	36,7														
	36,6														
	36,5														
	36,4														
	36,3														
	Zervixschleim														
	LH-Test														
	Geschlechts-verkehr														
	Medikamenenten-einnahme														
	Besonderheiten														
	Zyklustage	1	2	3	4	5	6	7	8	9	10	11	12	13	14

15 16 17 18 19 20 21 22 23 24 25 26 27 28 29 30 31 32 33 34

15 16 17 18 19 20 21 22 23 24 25 26 27 28 29 30 31 32 33 34

Register